AF600076

DISERTACION HISTORICO-CANONICA

SOBRE LA POTESTAD DEL

CABILDO EN SEDE VACANTE O IMPEDIDA DEL VICARIO CAPITULAR,

PRESENTADA A LA

FACULTAD DE TEOLOGIA DE LA UNIVERSIDAD CATOLICA

DE LOS EE. UU. DE AMERICA

PARA OBTENER

CONFORME A LOS ESTATUTOS DE LA MISMA

EL DOCTORADO EN DERECHO CANONICO

POR EL

PBRO. CAYO CASTILLO

DE LA ARCHIDIOCESIS DE YUCATAN, MEXICO,

LICENCIADO EN DERECHO CANONICO

WASHINGTON 1918

HABANA

Imp. "Avisador Comercial"
Cuba núm, 121
1919

IMPRIMI POTEST
EUSTASIUS FERNÁNDEZ, Pbro.
Censor delegatus.

Habanæ die 12 menses februarii A. D. 1919

Nihil obstat

DR. ALBERTUS MENDEZ.

IMPRIMATUR

† PETRUS

Episcopus Habanensis

DEL CABILDO EN SEDE VACANTE O IMPEDIDA

Y

DEL VICARIO CAPITULAR

PROLOGO

La potestad ordinaria que los Obispos residenciales ejercen en sus propias Diócesis no debe faltar nunca. La Iglesia la tuvo como una cosa necesaria para el provecho espiritual y temporal de los fieles. Nunca, pues, puede permanecer acéfala Diócesis alguna, Prefectura o Vicariato apostólico. La historia de la Iglesia nos habla de la existencia en épocas remotas del Presbiterio Consejo o Senado del Obispo diocesano, compuesto de doce Presbíteros y siete diáconos, cuyos deberes eran ayudar al Prelado en el ejercicio de su ministerio pastoral, y cuidar de la administración de la Diócesis cuando vacaba. He aquí, pues, vestigios de lo que fué la primitiva disciplina en cuanto al régimen administrativo de las vacantes durante los primeros siglos. Los abusos, el peligro de los cismas, la tardanza en la elección de los Obispos; fueron las principales causas que motivaron la reforma de la primitiva disciplina, que consistió principalmente en la intervención de los Visitadores y de los Metropolitanos en las Diócesis vacantes. Con la erección de los Cabildos Catedrales, los derechos, privilegios y demás prerrogativas que obtuvieron estas corporaciones, desaparece completamente la práctica de ser administradas las vacantes por el clero de la ciudad episcopal bajo la inmediata vigilancia de los Visitadores. Comienza por tanto la administración de los Cabildos. Los Cabildos ordinariamente administraban las vacantes colectivamente.

Empero los P.P. del Concilio Tridentino tomando en cuenta los graves inconvenientes de semejante sistema administrativo, las reñidas discordias que ocasionaba, la lentitud consiguiente en los procedimientos, y otros males que la experiencia diaria les hacía tocar, creyeron necesario mandar que el

Cabildo encomendase la jurisdicción a un Vicario, para el gobierno de la Diócesis durante la vacante. La potestad del Cabildo Catedral, vacante o impedida la sede episcopal, o sea de la disciplina vigente en cuanto al régimen administrativo de las Diócesis vacantes en aquellos lugares donde existen los Cabildos eclesiásticos, será el tema sobre el cual, Dios mediante, disertaremos.

Trataremos la primera parte desde el punto de vista histórico. Nótese, sin embargo, que nuestra disertación ha de ser más canónica que histórica, tanto por ser éste nuestro propósito, como por no contar en abundancia con fuentes y documentos necesarios para poder escribir la historia completa y acabada de la disciplina en cuanto al régimen administrativo de las Diócesis vacantes.

LIBRO PRIMERO

DEL REGIMEN DE LAS DIOCESIS VACANTES O IMPEDIDAS.

ANTES DEL CONCILIO TRIDENTINO

SECCION PRIMERA

DE LA DISCIPLINA VIGENTE ANTES DE LA INSTITUCION DE LOS CABILDOS CATEDRALES

CAPITULO PRIMERO

DE LA ADMINISTRACION DEL CLERO

Durante los primeros siglos de la Iglesia, las Diócesis no estaban divididas en Parroquias como actualmente. Los lugases públicos dedicados a la oración y al culto divino eran pocos. Ordinariamente había un solo templo en cada ciudad episcopal, (1) que era a la vez Sede del Obispo.

Allí acudían los fieles a presenciar y participar de los divinos Misterios que celebraba el Obispo asistido por sus Presbíteros y Diáconos. (2) Ordinariamente eran doce Presbíteros y siete Diáconos los que formaban el Senado o Consejo del Obispo, o sea lo que más tarde se conoció con el nombre de Presbiterio. Los clérigos que integraban el Presbiterio eran a la vez cooperadores del Obispo en el ejercicio del sagrado ministerio, sus consejeros natos, cuyo parecer debía ser solicitado por el Obispo, siempre que se discutiese sobre algún asunto grave, o negocio arduo de la naciente Iglesia. Todavía más: al declararse vacante, o impedida la Sede episcopal, acto continuo el Presbiterio se hacía cargo de la administración de la Diócesis. El siguiente testimonio que tomamos de una epístola de S. Epifanio contra los herejes prueba ser una verdad histórica lo que acabamos de narrar. En efecto: habiendo Mar-

(1) Nardi "Dei Parrochi" tom. II, p. 216.

(2) (S. Igna. epis. ad Magnes. n. 6.; epis. ad Philadelp. n. 8.; ad Ephes. n. 2.) (S. Cip. ep. 55.) Thomas. Vetus et Nova Eccl. par. I, lib. III. c. 7.)

ción, según el Santo, cometido el crimen de incesto, fué puesto fuera de la comunión de la Iglesia, o lo que es igual, fué excomulgado. En aquel tiempo hallábase vacante la Sed Apostólica por la muerte del Papa Higinio. Marción se dirigió a Roma al objeto de comparecer en presencia de los Presbíteros de la Iglesia Romana y pedirles que le restituyeran al seno de la Iglesia.

Aquéllos rechazaron su petición por el crimen de incesto que había cometido. "Ob incestum," escribe S. Epifanio, "ecclesia ipso parente pulsus Marcio... cui cum diu multumque supplicasset, ac poenitentiam postulasset, hanc a patre precibus nullis artibus obtinuit. Ergo ubi se nullis artibus eblandiri possequod cuperet anima vertit... clam ab oppido secessit, ac Romampost Hygini Papae obitum sese contulit, qui a Petro Pauloque apostolicaninus ecclesiae praefuerat. Eo statim ac Marcion, ad seniores adiens, qui ab apostolorum disciputi edocti, adhuc superarent, ut in comunionem admitteretur, ab iis frustra petiit... Quare palam eos alloquens: Cur me, inquit, recipere noluistis? Responderunt illi. Nobis injussu venerandi patris tui facere istud non licet. Una siquidem fides est et animarum una consensio, neque contra spectatissimum collegam, patrem tuum moliri quidpiam possumus." (1)

Claramente se ve por este documento que acabamos de transcribir, que desde el siglo segundo existía ya la costumbre, de que estando vacante la S. A., el Clero romano recibiera de nuevo al seno de la Iglesia católica a los que por alguna causa habían sido excomulgados, por consiguiente, déjase entender también que hacían las veces del Obispo difunto, al menos en juzgar algunas de las causas más graves. Que las Diócesis vacantes hayan sido gobernadas por los mismos Presbiterios en los primitivos tiempos, es un hecho que se deja entrever de las diversas epístolas, que estando vacante la S. A. por muerte del Pontífice Fabiano, escribió el Clero romano al de Cartago y de las que S. Cypriano Obispo de Cartago escribió a su Clero mientras se hallaba ausente, así como también de las que su mismo Clero le escribió. He aquí las principales: Comunicando el Clero cartaginés al Clero romano cuál fué el motivo de la ausencia del Obispo Cypriano de Cartago, obtiene en contestación lo que sigue:

I.—Et cum incumbat nobis, qui videmur praepositi esse, et pastoris custodire gregem, si negligentes inveniamur, dicetur nobis, quod et antecessoribus nostris dictum est, qui tam negligentes praepositi erant, quoniam perditum non requisivimus et errantem non correximus et claudum non colligavimus, et lac eorum operiabamur... Nolumus ergo, fratres dilectissimi,

---

(1) (S. Epif. Adersus haereses, vers. Petavii, haeresis, 42. tom. I, Col. 695-698. Edit. Migne.; Thomasino, lib. cit. cap. 3º)

vos mercenarios inveniri, sed bonos pastores... Nec enim hoc solum verbis hortamur, sed discere poteris a pluribus a nobis ad vos venientibus, quoniam ea omnia nos Deo adjuvante et fecimus et facimus cum omni sollicitudine et periculo saeculari, ante oculos plus habentes timorem Dei et poenas perpetuas, quam timorem hominum brevem injuriam: non desserentes fraternitatem et hortantes eos stare in fide et paratos esse ire cum Domino... quos quidem separatos a nobis non derelinquimus, sed ipsos cohortati sumus et hortamur agere poenitentiam, si quo modo indulgentiam poterunt recipere ab eo, qui potest praestare, ne si relicti fuerint a nobis pejores efficiantur. Videtis ergo fratres, quoniam et vos hoc facere debetis, ut etiam illi ceciderunt, hortatu vestro corrigentes animos eorum, si apprehensi fuerint iterato, confiteantur, ut possint priorem errorem corrigere... (1)

II.—Epístola del Clero romano a S. Cipriano.

Quod autem pertinet ad Privatum Labesitanum, pro tuo more facisti, qui rem nobis tamquam sollicitam nuntiare voluisti. Omnes enim nos docete, pro corpore totius ecclesiae, cujus per varias quasque provincias membra digesta sunt, excubare. Sed nos etiam ante litteras fraus callidi hominis latere non potuit. Nam quum ante hac quidam ex ipsius nequitiae cohorte venisset a nobis elicere curaret, nec quis esset latuit, nec litteras quas volebat accepit... (2)

III.—Varias epístolas de S. Cipriano a los Presbíteros y diáconos de la iglesia de Cartago desde el lugar de su ausencia.—Et quoniam mihi interesse nunc non permitit loci conditio, peto vos pro fide et religione vestra, fungamini illic et vestris partibus et meis, ut nihil est ad disciplinam vel ad diligentiam desit. Quantum autem ad sumptus suggerendos, sive illis, qui pauperes et indigentes laborant, et tamen in Domino perseverant, peto nihil desit, cum summula omnis quae redacta est, illic sit apud clericos distributa propter ejusmodi casus, ut haberent plures, unde ad necessitates et pressuras sigulorum operari possint... (1)

IV.—Fretus... et dilectione et religione vestra, quam satis novi, his litteris et hortor et mando, ut vos, quorum minine illic invidiosa et non adhuc periculosa praesentia est, vice mea fungamini circa gerenda ea, administratio religiosa deposcit. Habeatur interim quantum potest et quomodo potest pauperum cura, sed qui tamen incocussa fide stantes, gregem Christi non reliquerunt, ut his ad tolerandam penuriam sumptus per vestram diligentiam suggeratur, ne quod circa fidentes tempestas non fecit, circa laborantes necesitas faciat. Confessoribus etiam gloriosis impertiatur cura propensior.

---

(1) **Epist. II., Oper. S. Cypria. edit. Mediolanen. 1834, Vol. I. p. 10-11.**
(2) **Epist. XXX, edi. cit. vol. I, p. 13.**

Doleo enim quando audio quosdam improbe et insolenter discurrere et ad ineptias vel ad discordias vacare, Christi membra et jam Christi confessa per concubitus illicitus inquinari, nec a diaconis, aut presbyteris regi posse, sed id agere, ut per paucorum pravos et malos mores multorum et bonorum confessorum gloria honesta maculetur... (2)

V.—Integre et cum disciplina fecisti, fratres carissimi, quod consilio collegarum meorum, qui praesentes erant Cajo Diddensi presbytero et diacono ejus censuistis non communicandum, qui comunicando cum lapsis et offerendo oblationes eorum, in pravis erroribus suis frequenter deprehensi... in praesumptione et audacia sua pertinaciter perstiterunt. (3)

Los testimonios que acabamos de insertar nos proporcionan una idea clara de como se regían antiguamente las Diócesis vacantes. Prueban, pues, evidentemente, que fueron administradas, así en lo espiritual, como en lo temporal, por los clérigos que rodeaban inmediatamente al Obispo, que moraban en la ciudad episcopal y que constituían el Presbiterio. Notemos los siguientes hechos que ponen de relieve la verdad de nuestra aserción. En efecto: en la epístola que el Clero romano escribe a los Presbíteros y diáconos de la Iglesia de Cartago, manifiesta claramente ser de su incumbencia el régimen y cuidado de la Iglesia de Roma, que a la sazón se hallaba vacante; exhorta al Clero de Cartago y le dicta las normas que debe seguir en el régimen y custodia de la Iglesia de Cartago, que por entonces se encontraba asimismo desprovista de Pastor.

Privato Lambesitano reconoce, como otros, un poder especial en los Presbíteros de la Iglesia romana acudiendo a ellos para su restitución al seno de la Iglesia, no obstante de estar vacante la S. A. por muerte del R. P.

Que el Clero de Cartago haya hecho las veces del Obispo Cipriano en el cuidado y gobierno de la Iglesia de Cartago durante la ausencia de aquél, no cabe la menor duda, por aquello de que los clérigos de la Iglesia romana en la epístola que escriben, exhortan con grande celo al Clero Cartaginés, que se esmere en hacer por la Iglesia de Cartago, lo que ellos habían hecho en análogas circunstancias por la Iglesia de Roma. Más claramente lo demustran las mismas palabras que usa el Obispo S. Cipriano, cuando en su epístola a sus Presbíteros y diáconos, los exhorta con extraordinario celo se esmeren fielmente en hacer sus vecees. Encuéntranse también en la Iglesia de Oriente vestigios de esta primitiva disciplina, así lo demuestra el siguiente testimonio tomado de una epístola que el Concilio de Efeso (a.431) escribió a los Presbíteros y ecónomos de la Igle-

(1) Epist. IV. edi. cit. vol. I, p. 13.
(2) Epist. V. edi. cit. p. 14-15-16.
(3) Epist. XXVIII., edi. cit. P. 61.

sia de Constantinopla a raíz de la deposición del Obispo Nestorio. He aquí la parte principal que hace al caso:—Cognoscat reverentia vestra, escriben los Padres del Efesino, blasphemum Nestorium propter impias suas praedicationes et contra ecclesiasticos canones contumaciam, hesterno die, qui fuit praesentis mensis Junii vigesimus secundus, a santa Synodo juxta ecclesiasticas sanctiones depositum, et ab omni ecclesiastico gradu amotum fuisse. Proinde, omnia quae ad ecclesiam pertinent, custodite, ut et rationem illi reddituri, qui Dei voluntate, piissimorumque nostrorum nutu, ordinandus est Constantinopolitanae ecclesiae episcopus. (1)

"Discedentes ab ecclesis suis episcopi." escribe Tomasino, nullos potestatis limites Clero suo delineabant. Sed Canones legesque modestiae multa episcopis reservabant. Antiochenis presbyteris in haec verba Ignatius scribebat: Presbyteri, pascite eum qui in vobis gregem, usque dum ostendat Deus qui vobis principabitur. (2)

Es pues un hecho histórico, como acaba de probarse, que durante los primeros siglos de la era cristiana, la administración de las Diócesis vacantes o impedidas fué confiada a los clérigos que formaban el Presbiterio del Obispo en aquellos tiempos. Ahora, por lo que hace al origen de esta primitiva disciplina, nada podemos decir; pues no se sabe ni cómo, ni cuándo empezó a regir, puesto que no consta haber sido establecida por ley positiva alguna; juzgamos, pues, que alguna costumbre la introdujo con el tácito consentimiento de los Romanos Pontífices. Al morir el Pastor o separarse de su grey, nadie podía cuidar mejor las ovejas que dejaba, que aquellos mismos que habían sido sus fieles cooperadores en el cuidado de ellas. Reuniría pues en torno suyo a sus Presbíteros y diáconos, les exhortaría a que fuesen fieles y diligentes en el cuidado espiritual de aquellas almas y ovejas suyas que les encargaba, hasta que el Señor se dignase enviarles un nuevo Pastor. Sin embargo, conviene advertir que la jurisdicción de que gozaban los clérigos en semejantes casos a pesar de ser semejante a la jurisdicción ordinaria del Obispo, no por eso dejaba de sufrir alguna restricción en cuanto a algunas cosas, pues ya desde aquella época venía observándose la costumbre de reservarse ciertos asuntos graves al Obispo sucesor, "Quamquam," escribe el Clero romano a S. Cipriano. "nobis differendae hujus rei necessitas major incumbat, quibus post excessum nobilissimae memoriae viri Fabiani nondum est epicopus propter rerum et temporum difficultates constitutus qui omnia ista moderetur et eorum qui lapsi sunt possit cum auctoritate et concilio habere rationem... Ante constiutionem episcopi *nihil innovan-*

(1) Harduino,—coll. concil., Tom. I. p. 1434.
(2) Tomasino,—tom. III. p. 39.

dum putavimus, sed lapsorum curam mediocriter temperandam esse credimus: ut interim, dum episcopus dari a Deo nobis sustinetur, in suspenso eorum qui moras possunt dilationis sustinere causa teneatur, eorum autem quorum vitae suae finem urgens exitus dilationem non potest ferre, acta poenitentia et professa frequentter suorum detestatione factorum... si... dolentis ac vere poenitentis asumi signa prodiderint, cum spes vivendi secundum hominen nulla substiterit, ita demum caute et sollicite subveniri... (1)

CAPITULO II

DE LA ADMINISTRACION POR MEDIO DE INTERVENTORES, VISITADORES Y METROPOLITANOS

En el capítulo anterior hablamos ya de la primitiva disciplina de la Iglesia con relación a las Diócesis vacantes. Demostramos como, muerto el Obispo o impedido de poderse comunicar con su grey, acto continuo el Presbiterio asumía bajo su responsabilidad el cuidado y régimen de aquella Iglesia vacante, cuya administración cesaba con la elección del nuevo Obispo. Hicimos notar también, como aquel régimen primitivo, no fué establecido por ley positiva; sino más bien fué introduciéndose poco a poco por su propio uso y costumbre, con el único fin de mirar por el bien espiritual y material de las mismas Iglesias. Ahora bien: como esta primitiva disciplina diera lugar a no pocos abusos que redundaban en detrimento de las mismas Iglesias, no es de admirar que con el andar de los tiempos haya tenido que reformarse o que haya habido necesidad de introducir un nuevo sistema de administración. Existen sobrados documentos que demuestran cuáles fueron las causas que motivaron aquella mudanza. Por una parte, los Clérigos regentes aprovechándose de la oportunidad, se apropiaban a veces no solamente los bienes de la Iglesia que gobernaban, sino aun los mismos bienes privados del Obispo. He aquí como el Concilio de Calcedonia (a. 451) clama contra este abuso, hablando en el canon vigésimo segundo en esta forma: "Non licere Clericis post obitum sui episcopi res ad eum pertinentes diripere, sicut antiquis quoque est canonibus constitutum. Quod si hoc facere tentaverint, gradum suorum periculo subjacebunt. (2)

Y el Concilio de Ancira establece lo siguiente en el canon décimo quinto: "Si qua de rebus ecclesiae cum Episcopus non est, presbyteri vendiderint, placuit rescisso contractu ad jus ecclesiasticum revocari. In judicio autem erit Episcopi cons-

(1) Epist. XXXI. edi., cit. p. 69.
(2) Harduino, col. Con. tim. II. p. 609.

titutum, si pretium debeat recipi, necne: propterea quod saepe contigit distracturum rerum reditus ampliorem summam pro accepto pretio reddi. (ob. cit. tom. I, p. 277.)

Por otra parte, habiéndose aumentado el número de los herejes y cismáticos, había temor que aquellos intervinieran en las elecciones de los Obispos, procurando favorecer la promoción de los suyos, o al menos que impidieran con su acostumbrada astucia e intrigas que se llevara a cabo la elección canónica de un legítimo Pastor. Con el fin de hacer remotos estos peligros contra la unidad de la Iglesia, los Romanos Pontífices y algunas veces los Metropolitanos, creyeron conveniente intervenir en las Diócesis vacantes, enviándoles sus *Interventores* o *Visitadores*, quienes administraron por algún tiempo las vacantes, formando un cuerpo colegiado con los Presbíteros y diáconos que integraban el Presbiterio, siendo a la vez un poderoso dique que se oponía contra todo lo que se mostraba favorable a la desunión y al cisma. En los párrafos siguientes hablaremos del oficio que desempeñaron en las diversas regiones del orbe.

PARRAFO I

DE LOS INTERVENTORES O VISITADORES EN AFRICA

La causa principal que motivó la reforma de la primitiva disciplina del régimen de las Diócesis vacantes en la Iglesia africana, fué el cisma de los Donatistas, quienes durante el siglo IV vinieron a constituir un verdadero peligro que amenazó aruinar la Iglesia en aquellas regiones. (1) Ante todo procuraban la elevación de sus prosélitos al episcopado, y cuando no podían conseguir meterse de intrusos en las Iglesias vacantes, procuraban al menos impedir con sus intrigas y maquinaciones la pronta y legítima elección de los Obispos. De aquí provenían las prolongadas vacancias. Así se explica, cómo en cierta vez hubo hasta sesenta Diócesis vacantes en aquella región. (2) Con el fin, pues, de evitar esos inminentes peligros que fomentaban abiertamente el cisma, los Metropolitanos, ya desde esta época, juzgaron necesaria su intervención en las Diócesis vacantes en aquellas regiones, como de hecho lo hicieron, enviándoles sus Interventores. S. Agustín hace referencia a este particular, cuando en su epístola cuadragésima cuarta, refiere lo que dijo en cierta ocasión Fortino, Obispo donatista: "In ipsa schimatis novitate majores suos, cum cogitarent culpam Caeciliani, ne schisma fieret, quoquo modo velle

(1) Tillemont, (Memoires pour servir a l'histoire ecclesiastique des six premiers siecles—tom. IV.: histoire du schisme des Donatistes); Hefel ("Concilien-geschichte," tom. I. p. 162.

(2) Opp. S. Aug. Edit. monach. S. Bened. tom. IX. p. 552. "citas."

sopire, dedisse quemdam interventorem populo suae communionis apud Carthaginem constituto, antequam Majorinus adversus Caecilianum ordinaretur. (1)

Y en su libro "De unico Baptismate" refiere cómo los Donatistas usaban furtivamente de falsos Interventores. (2)

Aunque de los testimonios que acabamos de citar no podemos deducir claramente, cuáles hayan sido los principales deberes de los Interventores en las Iglesias que los Metropolitanos ponían bajo su inmediata custodia; sin embargo, existen cánones de antiguos Concilios que nos dejan entrever algo sobre el particular. En efecto: en el octavo canon del V. Concilio de Cartago (a. 438) que se refiere a los Interventores, se estableció lo siguiente: "Ut nulli Intercessori licitum sit cathedram, cui Intercessor datum est, quibuslibet popolorom studiis vel seditionibus retinere; sed dare operam, ut intra anuum eisdem episcopum provideat. Quod si neglexerit, anno exempto, Interventor alius tribuatur. (3) Y el Concilio Macrianense celebrado el año de 419, refiriéndose también a los Interventores, dispone lo siguiente: "Ut Interventores episcopi conveniant plebes, quae episcopum non habent, ut episcopum accipiant. Quod si accipere neglexerint, remoto interventore, sic remaneant, (4). No cabe duda, pues, que los principales deberes de los Interventores en aquellas regiones, eran: el tomar parte en la administración de la Diócesis vacante; el procurar que reinara la más completa concordia entre los fieles y el Clero; finalmente, el urgir la pronta y legítima elección del nuevo Obispo. (5)

PARRAFO II

DE LOS VISITADORES EN ITALIA Y EN OTRAS REGIONES DEL OCCIDENTE

Como en los primitivos tiempos era costumbre que los Obispos fuesen elegidos por el Clero y el pueblo fiel; sucedía que al vacar alguna Diócesis, ocurrían entre los clérigos y los fieles hechos muy censurables, como eran: ciertas discordias y disensiones, tan frecuentes en aquella época, y las cuales daban origen a tan prolongadas vacantes. (6) Tales acontecimientos tuvieron lugar en Italia y en otras regiones del Occidente,

(1) Ed. cit. tom. II. p. 104.
(2) Tom. IX. p. 542.: (Confr. lib. De pastoribus, tom. V. c. 15. p. 241.
(3) Harduino, tom. I. p. 987.
(4) Hard. tom. I. p. 1251.
(5) Confr. Tillemont. lib. cit. p. 3.
(6) S. Ambro. Ep. ad eccle. vercellens, ep. 82.

donde por estos motivos, hubo necesidad de sustraer algún tanto de las manos de los Clérigos de la ciudad el cuidado y régimen de las Iglesias vacantes. Pues ya desde a fines del siglo V., los Romanos Pontífices comenzaron a enviar sus Visitadores a las distintas Diócesis que vacaban en aquellas regiones. Así lo testifican las epístolas de S. Gelasio I. (492-491) y de Juan II. (532-535).

Gelasius Papa, Coelestino episcopo: "Presbyteri, diaconi et universi Clerici Stonensis civitatis petitorio nobis suggessere porrecto, in Ecclesia beati martyris Eleuteri episcopi... presbyterum, qui constitus fuerat, defecisse; atque i nejus locum Julianum, diaconum ipsius ecclesiae, pro celebritate ipsius loci quam ocius debere ordinari. Et ideo frater carissime, si de ejus vita vel moribus nihil est, quod contra canonum veniat statuta, suprascriptum presbyteri honore decoribus, sciturus, eum *Visitatoris* te nomine non Cardinalis creasse Pontificis. Pariter etiam, et Felicissimum diaconum in ejus ecclesiae ministerium, si conversatio ejus patitur, subrogabis, ut locus processionis celeberrimus ad mysteriorum consecrationem nec Sacerdote indigeat, nec ministro." (Cap. 3 D. 24.)

Dilectus universi episcop. per Gallias Joanes: "Innotuit nobis a Fratertinate vestra missa relatio in qua Contumeliosus multis legitur criminibus involutus. Et quid hujusmodi sacris non potest inhaerere mysteriis, ab hodierno vel officio eum nostra censet removeri auctoritas, ut in monasterio constitutus delicti veniam a Domino petere non omitat... Sed no ejus ecclesia destituta videatur, in ejus loco *Visitatore* dari praesenti auctoritate decernimus, qui a se noverit ita omnia exhibenda, ut nihil de ordinabus clericorum, nihil de ecclesiastica facultate praesumat, sed ea quae sacrosancta mysteria pertinent exequatur... (1)

S. Gregorio Magno, más que nadie, trabajó por inculcar esta reforma disciplinar en las distintas regiones de Italia, como luego se verá en las siguientes epístolas (2) que a continuación transcribimos, las cuales nos dan una idea de aquello en que consistía principalmente el oficio de los interventores en esa época.

I.—Gregorius Barbaro Episcopo Beneventano (Epist. lib. XIII, epist. 13.)

Obitum Victoris Panormitanae civitatis antistitis directa relatio patecefit. Quopropter visitationis destitutae Ecclesiae Fraternitati tuae operam solemniter delegamus... Et ideo Dilectio tua ad praedictam ecclesiam ire properabit, et assiduis adhortationibus Clerum plebemque ejusdem ecclesiae admone-

(1) Baronio in annual. ad a. 534.

(2) Oper. S. Gregor. ad monach. S. Bened. tom. II. lib. I. ep. 78.; II. 10. III., 35.; V. 13.; XII. 12.; XIII. 13.

re festinet, ut remoto studio, uno eodemque consensu, talem sibi praeficiendum expectant Sacerdotem, qui et tanto ministerio dignus valeat reperiri et a venerandis cononibus nullatenus respuatur. Qui dum fuerit postulatus, cum solemnitate decreti et Dilectionis tuae tesimonio litterarum ad nos sacrandus occurrat... Monasteria autem, si qua sunt in ipsius constituta parrochia, sub tua cura dispositioneque, quousque illic propius fuerit ordinatus episcopus, esse concedimus. (Ed. cit. tom. II. col 1227.)

II.—Gregorius Gaudentio episcopu Nolano: (lib. V. ep. 13.) Quoniam Fuscus Capuanae ecclesiae episcopus, in Romana civitate positus, de hac luce migravit, curae nobis fuit, quae universis ecclesiis a nobis impenditur, Fraternitatem tuam praesentia scripta dirigere, ut memoratae ecclesiae visitator accedas; sic tamen, ut nihil de provectionibus clericorum, reditu, ornatu ministeriique vel quidquid praefati loci esse patuerit, a quo quam praesumi patiaris, sed omnem vigilantiam atque cautelam circa Clerum plebemque ejusdem ecclesiae exhibere te convenit, ut in vigiliis, obsequioque ecclesiastico sedulo ac devote debeant deservire... (Col. 737-738.)

III.—Gregorius Clero Capuanae degendi Neapoli: (lib. V. ep. 14.) Quoniam Fluscus Capuanae ecclesiae episcopus, his positus de roc luce migravit, cura nobis fuit destitutae ecclesia visitationem fratri et coepiscopo nostro Gaudentio Nolanae civitatis episcopo solemniter delegare... Cujus vos assidiis adhortationibus convenit obedire... Nec quisquam vestrum ejus adeat praeceptionibus obviare, sed omni tam ecclesiastica observatione, quam etiam ecclesiae vestrae custodia, ejus provisionibus obedientiam exhibere... quatenus dum ejus regimini vestra obedientia commodata, et ecclesiae vestrae in nullo negligatur utilitas, et ejus sit cura propensior. (1)

Déjase, pues, entender claramente de los testimonios ya aducidos; que los Visitadores de quienes veníamos hablando, eran ordinariamente alguno de los Obispos vecinos; sus principales deberes eran: conservar intactos los bienes materiales de la Diócesis vacante; alentar al Clero y al pueblo fiel a que llevaran a cabo sin demora alguna la elección de un nuevo Obispo; presidir la elección; mantener en su vigor la disclpiina eclesiástica; cuidar de una manera especial de los monasterios eregidos dentro de los límites de la Diócesis, en una palabra; por razón de su oficio, debían ser como los ángeles custodios de aquella Iglesia privada de Pastor, cuidando que los lobos rapaces de la herejía y del cisma no vinieran a turbar la paz entre las ovejas del rebaño que les fuera confiado.

No faltan autores que opinan (2) que según las epístolas

---

(1) Ed. cit. tom. II. col. 738.
(2) Alteserra. Dissert. jur. canon. lib. IV. pág. 134.

de S. Gregorio, era también de la competencia de los Visitadores el ordenar los Clérigos de las Diócesis que administraban. No nos atrevemos a decir que esta opinión sea del todo errónea; mas tenemos razones que nos inclinan a ello; pues ya desde la antigüedad los sagrados cánones disponían que los clérigos fueran ordenados por su propio Obispo. (1) En la fórmula que ordinariamente se usaba para deputar los Visitadores no consta que se delegara semejante facultad; y si alguna vez se habla de la colación de órdenes sagrados, es para decir, que nadie podía ser promovido a las sagradas órdenes sin especial mandato del Visitador de la Diócesis vacante. Oigamos al mismo S. Gregorio que habla sobre el particular en las epístolas que a continuación transcribimos:

Gregorius Balbino Episcopo Rosellano (lib. I. ep. 15) Pervenit ad nos quod Populensis ecclesia ita sit Sacerdotis officio destituta ut nec poenitentia descentibus ibidem, nec baptisma possit praestare infantibus. Hujus igitur tam piae rei tamque necessariae mole permoti, jubemus dilectioni tuae, ut hujus praeceptionis auctoritae commonitus, memoratae Ecclesiae Visitator accedas, ut unum Cardinalem illic presbyterum et duos debeas diaconos ordinare. In parrochiis vero praefatae ecclesiae tres similiter presbyteros: quos tamen dignos ad talem officium veneratione vitae et morum gravitate praevideris... (2) Gregorius Leoni episcopi in Corsica: (lib. I. ep. 78) Ecclesiam Saonensem ante annos plurimos, obeunte ejus Pontifice, omnino destitutam agnoscimus,F raternitati tuae Visitationis ejus operam duximus injungendam, quatenus tuis dispositionibus ejus possit utilitas profligari. In qua etiam Ecclesia vel ejus parrochiis diaconos at presbyteros tibi concedimus ordinandi licentiam. (Ibid. col. 562).

Gregorius Chrysanto episcopo Spoletano: (Lib. III. ep. 64.) Ante hoc biennium Fraternitati tuae Mevaniensis ecclesiae Visitationis deputaveramus officium, in quo more scrinii sostri nihil vos de provectionibus facere voluimus Clericorum. Nunc venientes huc praesentium portitores praedictae Ecclesiae cleric dixerunt, Sacerdotem se neque in eadem cclesia, neque in ejus parrochiis habere. Hortamur igitur Fraternitatem tuam, ut si quidem talem potuerit reperire personam, quae digna ad episcopalis offici apicem valeat promoveri, huic eum cum solemnitate decreti, vestrarumque testimonio litterarum celerius dirigatis. Sin vero hoc nunc inveniri non potest, cum omni studio ac vivacitate personas exquirite, quae illic presbyterii ordine valeant consecrari... ut hac provitione populus illic degens communionem, qua se privatos ab sacerdotum necessi-

(1) Con. de Ancira c. 12. en Harduino, tom. I. p. 277).
(2) Edit. cit. tom. 20., col. 501.

tatem flebiliter conquneruntur, recepisse se gaudeant et in ecclesiis illis sacra missarum solemnia deesse non debeant. (Ed. cit. col. 674.) Parece pues, que la otra opinión se funda en los mismos testimonios que acabamos de aducir, así como en los otros citados anteriormente. Mas nótese, que éstas últimas epístolas que constituyen el principal argumento de aquellos, en verdad, se refieren a ciertas Iglesias, que a la sazón se encontraban en circunstancias muy peculiares; a saber: que habían estado por mucho tiempo desprovistas de Obispo y por consiguiente era natural que escasearan de clérigos; razón por la cual se ordenaba con mandato especial que se procurara la pronta consagración deó un nuevo Obispo, así como también la ordenación de las personas dignas de ser elevadas a la dignidad sacerdotal, a fin de que al pueblo fiel no se privara por más tiempo de asistir a la celebración de la misa y de la recepción de los sacramentos. No hubo, pues, tal costumbre que los Visitadores confiriesen órdenes sagradas a los clérigos de las vacantes que custodiaban, sin especial mandato del Romano Pontífice, por consiguiente, no era cosa que les competía por razón de su oficio, como se desprende claramente de las mismas palabras del Romano Pontífice: "Nihil vos de provectionibus facere voluimus clericorum. Nunc vero venientes." etc. Ahora, conviene advertir que la costumbre de que los Romanos Pontífices enviaran sus Visitadores a las Diócesis vacantes, aun dentro de la misma Italia no se hizo tan general, que se llegara a extender por todas sus regiones. En el sur de Italia, por ejemplo, es otra la disciplina que aparece sancionada por el Concilio de Reggio celebrado en el año de 434; al cual se refiere Tomasino cuando habla de esta manera: "Constitutuit enim, ut proximioris ecclesiae episcopus mortui collegae procuraret funus, viduatae ecclesiae rem temporalem regeret, impensis in id diebus non amplius septem, in suam se reciperet ecclesiam, nec eo rediret, nisi cum allis provinciae episcopis a Metropolitano vocatis ad electionem canonicam celebrandam. (1)

En realidad de verdad, los Canones de aquel Concilio dispusieron lo que este autor afirma. He aquí lo que el Canon VI. de aquel Concilio dispone: "Itaque... tali definitione consultum, ut de coetero observaretur, ne quis ad eam ecclesiam quae episcopum perdidisset, nisi episcopus vicinae ecclesiae, exequiarum tempore, accederet, qui Visitatoris vice tamen statim ecclesiae ipsius curam strictissime gereret, ne quid ante ordinationem discordantium in novitatibus clericorum subversioni liceret. Itaque cum tale aliquid accidit vicinis vicinarum ecclesiarum inspectio, recensio, descriptioque mandatur.

Y el Canon VII. del mismo Concilio dispone lo siguiente:

---

(1) Tomasino P. II. lib. II. c. III. n. 6.

"Hae autem omnia exequiarum tempore, usque ad septimum defuncti diem agent. Exin se ecclesiae referens mandatum Metropolitani simul cum omnibus sanctis epicopis opperietur. Nec quisquam ad ecclesiam, quae summum amisserat Sacerdotem nisi Metropolitani litteris invitatus accedat, ne a plebe decipiatur ut vim pati voluisse videatur. (1)

Estos cánones que expresamente disponían que el Visitador permaneciera solamente por el espacio de siete días en la Diócesis vacante, prueban que la administración de las Iglesias vacantes de aquella región en esa época, permaneció en yran parte en manos del mismo clero de la ciudad episcopal. Indirectamente nos dan a entender también, que el fin principal de la intervención de los Obispos vecinos en las Diócesis vacantes en aquel país, fué (evitar) precaver la usurpación de los bienes ecclesiásticos por parte de los mismos clérigos.

Una disciplina semejante fué adoptada en España por los Concilios de (Ilerda) hoy Lérida (2) y de Valencia (3) celebrados en el año 524, como aparece en los canones II. y XVI. de aquellos Concilios, que por su mucha extensión no insertamos. Los canones a que hemos hecho alusión constituyen un verdadero testimonio que nos dan una idea clara del cambio que sufri en España la primitiva disciplina del régimen administrativo en las Diócesis vacantes, en donde ya desde el siglo VI. empezó a sustraerse de las manos del clero de la liudad episcopal la administración de las Diócesis vacantes, cuya custodia se encomendaba a los Obispos vecinos. El Obispo más cercano a la Diócesis vacante se encargaba de vigilarla tanto en lo temporal, como en lo espiritual. En conclusión podemos decir que a partir del siglo V. se empezó a introducir esta nueva reforma en la primitiva disciplina y que se hizo general en las distintas regiones del Occidente durante el siglo VI.

Hasta aquí nos hemos ocupado en dar a conocer las reformas que hubo en Africa, en Italia y en algunas otras regiones del Occidente en cuanto a la primitiva disciplina del régimen administrativo de las Diócesis vacantes.

Ocupémonos ahora en ver los cambios que hubo en esta misma disciplina en la Iglesia del Oriente.

PARRAFO III

DE LA ADMINISTRACION DE LOS METROPOLITANOS EN EL ORIENTE

Vimos ya en el capítulo primero, cómo durante los primeros siglos de la Iglesia, el régimen administrativo de las Diócesis

(1) Hard. tom. I. p. 1750.
(2) Hard. ob. cit. tom. II. p. 1066.
(3) Hard. tom. II. p. 1067.

vacantes, tanto en el Oriente como en el Occidente, fué confiado a los mismos clérigos que constituían el Presbiterio.

Notamos ya la reforma que sufrió esta primitiva disciplina en el Occidente. Dijimos que la modificación consistió principalmente en la intervención de los Romanos Pontífices y de los Meetropolitanos en las Iglesias vacantes por medio de los Visitadores o Interventores. En el Oriente efectuóse también cierta reforma en la primitiva disciplina. Aquella consistió principalmente en la intervención del Metropolita. Al declararse, pues, vacante alguna Iglesia sufragánea, el Metropolitano la asumía bajo su cargo, y la administraba durante todo el tiempo que durara la vacante, siendo uno de los principales deberes que le imponían los sagrados cánones, el acelerar y presidir la elección de un nuevo Obispo para la Iglesia vacante.

Esta disciplina aparece sancionada por el Concilio de Calcedonia en el Canon vigésimo quinto que dice: "Quoniam quidem Metropolitarum, sicut ad nos perlatum est, negligunt sibi creditum regem, differunt ordinationes facere episcoporum, placuit sanctae synodo intra tres menses fieri ordinationes episcoporum, nisi forte inexcusabilis necessitas coegerit tempus ordinationis amplius prorogari. Si autem quis episcoporum haec non observaverit, ipsum debere ecclesiasticae condemnationi subjacere: reditus vero ejusdem viduatae ecclesiae integros servari apud occonomun ejusdem ecclesiae placuit. (1)

SECCION SEGUNDA

DE LA DISCIPLINA VIGENTE DESPUES DE LA INSTITUCION DE LOS CABILDOS

CAPITULO TERCERO

DE LA ADMINISTRACION DE LOS CAPITULOS CATEDRALES

PARRAFO PRIMERO

DEL ORIGEN DE LOS CABILDOS CATEDRALES

En el año de 765 S. Crodogango Obispo de Metz, (2) siguiendo el ejemplo de S. Agustín y de otros Obispos, reunió alrededor suyo los clérigos de su Iglesia Catedral, llevó con ellos vida de comunidad, observando una regla de vida, que él mismo hizo, copiando de los estatutos de la orden de S. Be-

---

(1) Harduino, tom. II. p. 612.

(2) Brueck. (Hist. of the Cathol. Chur. vol. I. pag. 272. Vita communis clericorum habuit initium in Oriente. S. Basilio Epist. 207, opp. tom. 3. pag. 310. edit. Maurinorum; Sozomeno Histor. ecclesiast. lib. 6. cap. 37, pag. 264, edit. Valesii; Thomasino, ob. cit. part. 1ª lib. 3º cap. 3º

nito y de algunos antiguos cánones de la Iglesia. Cundió rápidamente el ejemplo de St. Crodogango, pues muy en breve, aquella vida quasi-monástica, "vita canonica sive comunis," que había sido inculcada ya por algunos Obispos en otras regiones, tomó incremento, encontrando muchos admiradores e imitadores, entre los cuales distinguióse el Emperador Carlomagno, quien en su época inculcó y fomentó con celo la vida de comunidad, entre el Clero francés. Aquellos clérigos de la Iglesia de Metz y otros que siguiendo sus huellas vivieron también en comunidad, sujetándose a la observancia de ciertas reglas, que los hacía de alguna manera semejantes a los regulares, dieron origen a los Cabildos Catedrales, los que más tarde en el siglo XII, se convirtieron en verdaderas corporaciones eclesiásticas, habiendo obtenido, por el prestigio que conquistaran, muchas prerrogativas, privilegios, honores, y sobre todo, el derecho exclusivo de elegir los Obispos, el constituir su Senado y el de hacer sus veces en el gobierno de las Diócesis, al declararse vacante la silla episcopal.

La disciplina reformada de la cual hablamos ya en el capítulo anterior, prevaleció por algún tiempo, hasta que los Capítulos Catedrales comenzaron a gozar de mayor prestigio y autoridad; pues a medida que la autoridad de aquellas instituciones fué tomando incremento, comenzaron a disfrutar del derecho de encargarse del régimen de las Diócesis vacantes, al menos en aquellas regiones en donde ya estaban eregidas canónicamente; y por consiguiente, se comenzó a suprimir la práctica de nombrar Visitadores o interventores en las Iglesias vacantes. Esta nueva reforma de la primitiva disciplina del régimen de las Diócesis vacantes, la encontramos adoptadas ya en la Iglesia de Francia en el siglo IX., (1) hecha ya una disciplina general en el siglo XII, y sancionada en el siglo XII por las Decretales de Gregorio IX. y de Bonifacio VIII. He aquí los principales cánones en que se basa esta nueva reforma: en el capítulo, "Cum olim XIV. de Majoritate et Obedienta," El Papa Gregorio IX. declara: que estando vacante la sede episcopal, el Cabildo es el que tiene potestad de confirmar las elecciones verificadas en los monasterios, cuya confirmación en *sede plena* correspondería al Obispo." Cum ecclesia Messanensis vacet ad praesens, electionem suam confirmandam, pro ut de jure fuerit, vel etiam infirmandam, praesent Capitulo Messanensis." Y la glosa añade "Unde patet... manifeste quod vacante ecclesia, potestas sive jurisdictio episcopi devolvitur ad Capitulum."

En el cap. único de "Majorit. et Obed. in VI. Decretalium", Bonifacio VIII. declara: que vacante la sede episcopal, el Ca-

(1) Tomasino ob. cit. lib. III. c. II.

bildo puede absolver de todas las censuras, que estando ocupada la sede vacante absolvería el Obispo.

"Episcopali sede vacante, dice aquel Pontífice, potest Capitulum, seu is, ad quem episcopalis jurisdictio tunc temporis noscitur pertinere, iis, quibus pesset episcopus, si viveret, ab beneficium impertiri; nisi ei fuerit a Sede Apostolica specialiter interdicta potestas."

No es menos clara la afirmación que se hace de esta potestad del Cabildo en el capítulo "Si episcopus de Suppl. Neglig. in VI., donde el mismo Bonifacio VIII. declara, que la administración espiritual y temporal de la Diócesis se devolvería al Cabildo, más no al Arzobispo, en caso de que el Obispo cayere en poder de los paganos o cismáticos. "Si episcopus a paganis aut schismaticis capiatur, non Archiepiscopus, sed capitulum ac si sedes per mortem vacaret illius, in spiritualibus et temporalibus ministrare debetit; donec eum libertati vel per Sedem Apostolicam... alliud contingerit ordinari."

Y este mismo Pontífice en otro Canon dice: "Ecclesiae catedrali vacanti, visitator ab alio, quam a Romano Pontifice, deputari non potest, nisi forte capitulum in spiritualibus et temporalibus negligenter aut perperam administraret.

(Cap. Ecclesiae, de Suppl. Neglig. in VI.)

Claramente demuestran estos cánones que acabamos de transcribir, que la administración ordinaria de la Diócesis, *ipso facto,* que se declara vacante la silla episcopal, pasa al Cabildo Catedral; y como una administración general se extiende a todo, salvo lo que está expresamente exceptuado, síguese que la potestad del Cabildo comprende todo, excepto aquellos actos que están excluídos de su jurisdicción por el mismo derecho, en atención al peligro que pueda lesionar los derechos episcopales, u ocasionar algún menoscabo a los bienes materiales de la Iglesia, como luego veremos en el capítulo "Ne sede vacante aliquid innovetur."

Como una conclusión de todo lo que hemos dicho, podemos establecer por lo que atañe a la potestad del Cabildo, vacante o impedida la sede episcopal, la siguiente regla, que nos servirá de base cuando tengamos que hablar de la jurisdicción del Vicario Capitular. "De jure Decretalium, sede vacante, totum ordinarium diocesis regimen, exceptis iis, quae expresse prohibentur, transit in Capitulum."

PARRAFO II.

DE COMO ADMINISTRABAN LOS CABILDOS DE LAS DIOCESIS VACANTES ANTES DEL CONCILIO TRIDENTINO

Los cánones que ya hemos citado, contenidos en los Decretales de Gregorio IX. y de Bonifacio VII. en los que se funda la potestad de los Cabildos Catedrales, dejaban a los Cabildos en plena libertad de ejercer la jurisdicción episcopal, que por derecho les correspondía en los casos de sede vacante, en la forma que mejor les pareciese; esta fué la causa de que no lograsen guardar uniformidad alguna en su manera de administrar. Gobernaban las Diócesis vacantes, ya colectivamente, ya por medio de uno o más vicarios suyos. "Vacante sede episcopali, dice Benedicto XIV., tota episcopi jurisdictio transit ad capitulum catedralis ecclesiae... quod quidem de jure communi posset illam per se exercere, cum mullus reperiatur textus, quo ad suae jurisdictionis exercitium alteri committendum obstringatur... Licebat ipsi totam jurisdictionem in corpore, ut aiunt exercere, vel per turnum, ita ut certo tempore elapso alius alium canonicum in gerendo regimine sequeretur. (De Synodo dioecesis. Lib. II. c. 9. n. 2.) Ahora bien: aunque no cabe duda que a raíz de esta nueva reforma disciplinar, los Cabildos administraron, *collegialiter seu collective*, las diócesis vacantes, o sea que participaban del gobierno todos y cada uno de los capitulares; sin embargo, no hay que dudar también que en épocas posteriores, cuando se hizo ya general la costumbre de que los Obispos tuviesen sus Vicarios Generales, se introdujo también la práctica de que los Cabildos tuvieran una especie de Vicarios Capitulares, quienes como delegados administraban las vacantes.

Si praecepit autem Tridentina Synodus, escribe Tomasino, ut a Capitulo Vicarius crearetur, ea fuit potius, mea quidem sententia, receptissimi usus confirmatio, quam novi institutio juris. Jam inde ab anno 1347. Concilium Toletanum testatum fecerat usitatissimum id esse:—Episcopi suffraganei nostri, vel sede vacante Vicarii per capitulum deputati. (1)

En verdad era muy razonable que los Cabildos usasen de Vicarios para atender el régimen de las Diócesis vacantes, pues si los ordinarios usaban y usan hasta el presente de estos medios por razón de la multitud de asuntos a que tienen que atender, cuanto más los Cabildos, que generalmente se encontraban con enormes dificultades al vacar la silla episcopal.

He aquí un testimonio que prueba que ya desde el siglo XI los Cabildos se valían de vicarios para atender el régimen administrativo de las Diócesis vacantes. En efecto: habiéndose declarado vacante la Iglesia de Faenza y surgido disensiones que motivaron la dilación de la elección del nuevo Obispo, S. Pedro Damiano escribió la siguiente epístola a los faventinos. "Unde et ingerat, sed ecclesiam vestram interim vacare et vos sub suae benedictionis umbraclo manere decernat, Quia vero per Dei misericordiam industrios inter vos clericos, ac prudentes et

(1) Tomas. ob. cit. P. 1. lib. III. c. 10 n. 13.

litteratos habetis, si placet, unus ex eis eligatur, qui ad exequendam hoc negotium utilior inveniatur. Cui nimirum cura ac sollicitudo totius episcopatus possit imponi, ac per eum omnia necessitatis ecclesiasticae negotia debeant ministrari. (1)

Constituye una prueba más evidente en favor nuestro, el siguiente testimonio que alega Hermes en su obra sobre el Cabildo y la sede vacante: "Mortus est autem venerabilis Bertholdus Episcopus Argentinensis in Mollsheim, anno Domini MCCCLIII in vigilia sanctae Catharinae... cum veneratione maxima sepelitur... Et statuitur Joannes de Lampertheim officialis per capitulum Vicarius in spiritualibus et temporalibus generalis. Et quarto nonas Decemb. eligitur concorditer Joannes de Liechtenberg, et quarta Januarii per Abbatem S. Albini Moguntini auctoritate Gerlaci Moguntinensi Archiepiscopi in ecclesia Argentinensi solemniter confirmatur. (2)

Todavía más: los comentarios de los canonistas que escribieron antes del Concilio Tridentino hablan extensa y claramente de los Vicarios generales nombrados *ad hoc,* por los Cabildos para atender el régimen de las Diócesis vacantes. Concluiremos, pues, diciendo que la práctica y costumbre de ser administradas las Iglesias vacantes por uno o más Vicarios deputados *ad hoc* por el Cabildo Catedral existían ya desde épocas anteriores al Concilio Tridentino.

Ocupémonos ahora en el siguiente párrafo en hablar acerca del oficio y potestad de estos Vicarios que los Cabildos acostumbraban nombrar desde épocas anteriores al Concilio de Trento.

PARRAFO III.

DEL OFICIO Y POTESTAD DE LOS VICARIOS DE LOS CABILDOS ANTES DEL DECRETO DEL TRIDENTINO

Demostramos ya, como desde épocas anteriores al Concilio Tridentino, era ya casi general la costumbre que se deputara uno o más vicarios para atender el régimen espiritual y temporal de las Diócesis vacantes. Vamos ahora a dar a conocer cómo era el oficio, cuál su jurisdicción, y cómo se extinguía ésta de esta clase de Vicarios, a fin de que podamos entender mejor las controversias, que a raíz de la publicación del decreto Tridentino se suscitaron sobre diversas cuestiones acerca del oficio del Vicario Capitular.

Comencemos diciendo: que el oficio del Vicario o de los Vicarios de los Cabildos en aquella época, era todo igual al oficio del Vicario general del Obispo, tanto que en los comentarios

(1) Confer. Bened. XIV. De Syn. ib. II. c. 9. n. 2.
(2) Ob. cit. p. 41.

antiguos se habla indistintamente de ambos oficios y muchos canonistas los equiparan frecuentemente. Oigamos a Juan de Imola preguntando, si tales Vicarios tenían jurisdicción ordinaria para juzgar el crimen de herejía. He aquí como habla: "Nunquid autem Vicarius generalis episcopi, vel *capituli sede vacante* habeant hanc potestatem procedendi super crimine haeresis, dicit Lapus quod non, quia requiritur speciale mandatum et in hoc erit tunc delegatus, licet in aliis sit ordinarius, et ideo si in hoc crimine appelletur a vicario habente speciale mandatum, appellabitur ad delegantem episcopum vel capitulum sede vacante. (1)

Era, pues, semejante el oficio del Vicario del Cabildo, al del Vicario general del Obispo y de esta semejanza entre ambos oficios, se deducen las siguientes conclusiones:

1.—Así como el Obispo puede tener uno o más Vicarios generales, así también el Cabildo podía deputar uno o más Vicarios, ya sean todos *aequae primcipales*, ya sea uno general y otro foraneo, sobre todo en las Diócesis extensas. (2)

n. 6.; Abas Panormit. in. cap. Irrefrag. X. de Off. Jud. Ord. n. 2.

2.—Para ser Vicario del Cabildo se exigían tener las mismas cualidades que para ser vicario General del Obispo. Era necesario, pues, que el candidato fuera al menos clérigo; que tuviera 25 años de edad, y además, poseyera la suficiente idenidad para ejercer con provecho el oficio.

No había necesidad de elegir precisamente alguien de los Capitulares; pero regularmente se prefería al Capitular.

3.—La jurisdicción del Vicario se restringía del mismo modo que se restringía la del Vicario General. Aquellas cosas que sin mandato especial no podía hacer el Vicario General, tampoco las podía hacer el Vicario Capitular sin especial permiso del Cabildo. Más aun: quedaba sujeto al arbitrio del Cabildo el reservarse ciertos asuntos; como el nombrar Vicario para un determinado espacio de tiempo, y transcurrido el término; volvía de nuevo la jurisdicción al Cabildo (3). Estaba, pues, en la potestad del Cabildo; no obstante la deputación del Vicario para las cosas ordinarias, el ejercer por sí gran parte de la jurisdicción ordinaria. Cesaba y se suspendía la potestad del Vicario por las mismas causas, que cesaba y se suspendía la del Cabildo de donde dimanaba. Más aun: esta potestad podía ser revocada al arbitrio del Cabildo, no obstante cualquiera promesa de no renovación, o delegación hecha para un espacio de tiempo prefijado. "Sic etiam potest determinari tempus et utrobique potest restringi et revocari potestas per concedentem. Unde et Paduae consuli vicarium per capitulum datum ad tempus

(1) Ad Clement. I. apud Ferraris, prompta bibliot. verb. Haeresis.
(2) J. Fr. Pavvnus "De potest. Capit. sed. vacant. part. 2ª, 9. 10,
(3) Pavino, lib. cit. part. 2ª 9. 10. n. 6º

vacante sede, ante tempus revocari posse... imo quod plus est, quia si constituentes vicarium ad certum tempus, juraverunt vel promiserunt sub certa poena non revocare ante tempus determinatum, si postea revocent ante dictum tempus tenet revocatio: et si ex causa rationabili hoc faciant: puta quia male facit officium, vendit justitiam et ejusmodi, revocando non sunt perjuri, nec debent poenam: secus si sine causa: et tamen tenet revocatio." (1)

Terminado el período de su administración el Vicario estaba obligado a dar cuenta exacta de ella al Cabildo, así como también estaba sujeto a expiar las penas y castigos que el Cabildo le impusiera por alguna injusticia que hubiere cometido, o por algún otro daño irrogado a los bienes materiales de la Iglesia. Tanto el Vicario como el Cabildo, debían ser residenciados por el Obispo sucesor al cesar la vacante. Con esto damos por terminada la parte histórica de nuestra disertación, y entramos de lleno en el capítulo siguiente a tratar acerca de la disciplina vigente en cuanto al régimen de las Diócesis vacantes, establecida por el Concilio Tridentino, así como también de las novísimas reformas introducidas sobre la misma materia en la nueva codificación del Derecho Canónico.

LIBRO II

DE LA DISCIPLINA VIGENTE EN CUANTO AL REGIMEN ADMINISTRATIVO DE LA DIOCESIS VACANTES Y DEL VICARIO CAPITULAR

SECCION 1ª

DEL ORIGEN Y PROVISION CANOMICA DEL OFICIO DE VICARIO CAPITULAR

CAPITULO I.

DEL DECRETO DEL CONCILIO TREDENTINO

La jurisdicción, que según se ha visto, se trasmite al Cabildo en sede vacante, la podía ejercer en común, o sea *collegialiter* conforme al derecho. Empero los PP. del Tridentino, tomando en cuenta los graves inconvenientes de semejante sistema administrativo, las reñidas discordias que ocasionaba, la lentitud consiguiente en los procedimientos y otros males que la experiencia diaria les hacía tocar, creyeron necesario mandar que el

(1) Joannes Andrae apud S. Antoni. Suma Theo. pars. III. tit. 19. c. 10.

Cabildo cometiese la jurisdicción a un Vicario para el gobierno de la Diócesis, durante la vacante. He aquí la disposición literal del decreto:

"Capitulum sede vacante... officialem seu vicarium infra octo dies post mortem episcopi constituere vel existentem confirmare teneatur, qui saltem in jure canonico sit doctor, vel licenciatus, vel alias quantum fieri poterit idoneus. Si secus factum fuerit, ad metropolitanum deputatio ejusmodi devolvatur. Et si ecclesia ipsa metropolitana fuerit... Capitulumque ut praefertur negligens fuerit, tunc antiquior episcopus ex suffraganeis... vicarium possit constiture. (Sess. 24 c. 16. De reform.)

El Santo Concilio de Trento, con el precedente decreto que acabamos de citar, privó a los Cabildos Catedrales de la amplísima libertad, que los antiguos cánones les concedían de poder administrar las Diócesis vacantes en la forma que mejor les agradare, imponiéndoles la extrictísima obligación de consti- el cual debe ser elegido por los miembros del Cabildo dentro tuir un Vicario Capitular en todos los casos de sede vacante; de los ocho días inmediatos a la noticia cierta de haberse declarado vacante la sede episcopal, bajo pena de devolverse el nombramiento al Metropolitano, o al capítulo metropolitano, estando vacante la Metrópoli; o al sufraganeo más antiguo de la provincia, si la misma Metrópoli fuera la vacante; o al Obispo más inmediato, tratándose de una Diócesis exenta.

Esta disposición del Tridentino se mantiene en la nueva codificación del derecho con una leve modificación, que afecta más bien a la sanción y no a la substancia del decreto. He aquí lo que se dispone sobre el particular en el canon 432, párrafos primero y segundo: "Capitulum ecclesiae cathedralis, sede vacante, intra octo dies ab accepta notitia vacationis, debet Vicarium Capitularem qui loco sui dioeecesim regat et si fructum percipiendorum ei munus incumbat economum unum vel plures fideles ac diligentes constituere. Si Capitulum intra praesriptum tempus Vicarium aut eoconumum, quavis de causa, nullum deputaverit, ad Metropolitanum devolvitur; si autem ecclesia ipsa metropolitana fuerit vacans, vel metropolitana simul et suffraganea ad antiquiorem ex Episcopo suffraganeis." Nótese que en este canon no existe innovación alguna que afecte a la substancia de la disciplina establecida por el Tridentino, y no difieren entre sí ambas disposiciones a no ser por lo que se refiere a la sanción, a saber: según el decreto, si el Cabildo de alguna Diócesis sufraganea vacante dejaba transcurrir el término prefijado sin proceder a la elección, se devolvía el nombramiento al Metropolitano, o al Cabildo metropolitano, si al mismo tiempo hallábase también vacante la Meetrópoli. Los Cabildos metropolitanos podían, pues, en virtud de la jurisdicción devuelta, constituir Vicario Capitular en alguna Sufragánea vacante. Mas según la novísima disciplina en el caso supuesto, se devolverá el nombramiento al Metropolitano, o al Obispo sufraganeo más antiguo, si la Metrópoli estuviere al mismo tiempo vacante; mas no al Cabildo Metropolitano.

Por tanto es, la mente de la Iglesia, como se desprende claramente de los cánones que acabamos de aducir, que los Cabildos Catedrales procedan en todos los casos de sede vacante a la elección de un Vicario Capitular para atender al régimen de la Diócesis, salvo las excepciones establecidas por el mismo derecho, como sucede por ejemplo, cuando vive todavía el Vicario General nombrado por la Sede Apostólica; (1) o si hay ya Administrador Apostólico, u Obispo Coadjutor con derecho de sucesión a la sede, o Coadjutor a la sede, nombrado por el Romano Pontífice.

La razón es porque éstos persisten en su oficio, no obstante el estar vacante la Diócesis.

Otra razón es que a ningún inferior le es permitido inmiscuirse en negocio alguno intervenido ya por el Romano Pontífice. Estas excepciones encuéntranse notadas de una manera muy clara en el nuevo Código; al tratarse acerca de la sede vacante se establece lo siguiente en el párrafo I. del Canon 431.: "Sede vacante nisi adfuerit Administrator Apostolicus, vel aliter a Sancta Sede provisum fuerit ad Capitulum ecclesiae cathedralis regimen diaecesis devolvitur."

Y al hablarse del Administrador Apostólico, se provee de lo siguiente en el párrafo II. del Canon 313. que dice: "Si sedes fuerit vacans, vel si Episcopus non sit mentis consiliique compos, aut in dioecesi non moretur, Administrator Apostolicus possessionem sumit ad instar Episcopi secundum cit. can. 334. parraf. III.

Y en el párrafo primero del canon 318, se dice: "Odministratoris Apostolici iurisdictio Romani Pontificis aut Episcopi obitu non cessat."

En cuanto a los Obispos Coadjutores se ordena en los párrafos I. y II. del Canon 355, lo que sigue: "Coadjutor cum iure successionis, vacante sede episcopali, statim evadit Ordinarius dioecesis, pro qua fuerit constitutus, dummodo possessionem legitime ceperit, ad normam can. 353, parraf. II. III."

Si Coadiutor datus fuerit sedi, eius officium etiam sede vacante perdurat."

Otra cosa sería, si la Santa Sede nombrase Coadjutor a la persona del Obispo y sin derecho de sucesión, o sea lo que se conoce con el nombre de Obispo Auxiliar, a no ser que la Sede Apostólica provea de otra manera, cesa o se suspende en ce-

---

(1) S. Congre. de Obisp. y Reg. 4 de Agosto de 1578; y 22 de Dbre. de 1628.

sando o suspendiéndose la del Obispo. Así aparece dispuesto en el párrafo II. del canon 355, del nuevo Código que dice:

"Cum Episcopi munere expirat Auxiliaris officium nisi aliud in litteris apostolicis caveatur."

Establecida ya la disciplia vigente en cuanto al régimen administrativo de las Diócesis vacantes en aquellos lugares en donde existen Cabildos Catedrales, pasemos ahora a precisar el momento en que la jurisdicción ordinaria de la Diócesis se devuelve al Cabildo. Mas como esto tiene lugar precisamente cuando cesa, o se impide el gobierno del propio Pastor, o sea cuando, según derecho, se dice que la Sede episcopal está vacante, o impedida; necesario es que digamos antes en los dos párrafos siguintes que se entiende por Sede vacante o impedida, y luego precisar el momento en que se trasmite la jurisdicción ordinaria al Cabildo, según sean los distintos casos de Sede vacante o impedida.

PARRAFO I

DEL CONCEPTO DE SADE VACANTE Y DE SUS PRINCIPALES CASOS

La Sede episcopal vaca *ipso facto* que se disuelve el vínculo del matrimonio espiritual que existe entre el Prelado y su propia Diócesis. (1) Las causas que pueden motivar esta disolución, son: la muerte, la traslación, la deposición y la voluntaria y libre dimisión del Obispo, aceptada por el Romano Pontífice. Existiendo, pues, alguna de estas causas, ipso facto declárase vacante la sede episcopal. (Can. 431. parraf. I.)

Dicho esto, pasemos ahora a examinar las siguientes importantes cuestiones: 1.— Desde qué momento comienza existir en el Cabildo Catedral la jurisdicción ordinaria en los casos de sede vacante? 2.—¿Desde cuándo deben empezar a contarse los ocho días hábiles para la elección del Vicario Capitular? 3.—¿De qué manera podrá el Cabildo administrar la Diócesis vacante durante el espacio de tiempo, que media desde la noticia cierta de la vacante hasta el momento de ser constituído el Vicario Capitular?

Para determinar el momento preciso en que la jurisdicción ordinaria pasa al Cabildo, y el momento en que puede comenzar a ejercerla válida y lícitamente, hemos de suponer los diferentes casos de sede vacante que pueden ocurrir, y así podremos dar una solución adecuada a cada caso en particular.

Sea pues, el primero, cuando la Diócesis vaca por muerte del Obispo. En el presente caso, la jurisdicción ordinaria, co-

(1) Cap. Inter corporalia X. de translatione Episcopi.

mienza a existir en el Cabildo en el momento mismo que acaece el hecho de la muerte del Prelado y esto aun cuando el Cabildo lo ignorase; sin embargo no podría comenzar a ejercerla lícitamente sino hasta haber tenido noticia cierta y fidedigna del lamentable hecho del fallecimiento del Obispo diocesano.

En todos los casos de sede vacante, cualquiera que sea la causa, el Cabildo no puede ejercer la jurisdicción antes de obtener noticia cierta de la vacancia, así lo declaró la S. Congregación de Obispo y Regulares en la causa neritonense el 24 de mayo de 1621. (1)

Sea el segundo caso; la sede vacante en una Diócesis ocasionada por la traslación del Obispo a otra sede.

Con relación a este caso particular diremos que según la antigua disciplina el Cabildo no comenzaba a gozar de la jurisdicción episcopal, por consiguiente, ni podía tampoco comenzar a ejercerla sino hasta el momento que obtenía noticia cierta de la traslación del Obispo a distinta Sede; pues aun cuando el Prelado quedaba libre del vínculo con que estaba ligado a su Diócesis desde el momento que en el Consistorio se declaraba su traslación, conservaba intacta su jurisdicción ordinaria, hasta que no obtenía noticia cierta del hecho de haber sido trasladado a otra Diócesis. Y para que obtuviera esta certeza, no se requería, que fuera notificado mediante las letras apostólicas, sino bastaba para ello el testimonio del Secretario del Sacro Colegio. (2)

Así, pues, desde el momento que el Prelado obtenía esta certeza, notificaba al Cabildo Catedral, el cual en este caso según estaba mandado en la Constitución "Nobis nuper" de Urbano VIII, 20 de mayo de 1625, debía publicar que se encontraba vacante ya la Sede episcopal motivada por la traslación del Obispo del lugar a otra Diócesis distinta y proceder desde luego a cumplir con las disposiciones del Concilio Tridentino.

Barbosa, después de afirmar que la noticia, que debe tener el Cabildo para poder entrar en funciones en los casos de traslación, debe ser cierta y no presunta, añade lo que sigue: "Currit hic terminus a die quo innotuit capitulo episcopum fuisse per Papam in Consistorio absolutum a vinculo prioris ecclesiae, etiam necdum capta possessione, quin et litteris necdum expeditis. Ab eo enim tempore vacat prior Episcopatus; adeoque postquam hujusmodi absolutionis notitiam habuerit Episcopus tuanslatus, etiam ex testimonio seu documento secretarii solum sacri Collegii, illico tenetur abstinere ab exercitio ordinariae jurisdictionis, eaque transit in capitulum; idque statim ea uti potest et debet. (De canonicis, cap. 25. n. 32.)

Mas según la novísima disciplina establecida en el párrafo

(1) Ferraris, (Promp. bibliot. verb. cap. art. III. n. 37.)
(2) Bouix, De cap. pag. 484.

III. del canon 430 del nuevo Código sobre la traslación de los Obispos; al recibir el Prelado la noticia de su traslación a otra Diócesis, ya no cesa su jurisdicción en la Diócesis, como cesaba atiguamente, ni tampoco se trasmite al Cabildo, sino que durante el intervalo de los cuatro meses que el derecho le concede para tomar posesión de su nueva Diócesis, queda encargado de la Diócesis con el carácter de Vicario Capitular, cuya potestad obtiene ipso facto que recibe la noticia de su traslación, cesando toda potestad del Vicario General, conservando al mismo tiempo los privilegios honoríficos que tenía antes como Obispo residencial y el derecho de percibir íntegros los frutos de la mesa episcopal, según las normas que se establecen en el párrafo II. del canon 194. H e aquí el texto literal de la disposición a que nos refermos: "A certa translationis notitia Episcopus intra quatuor menses debet dioecesim *ad quam* petere eiusdem canonicam possessionem assumere ad norman can. 333-334 et a die captae possessionis dioecesis a qua plene vacat; interim vero in eadem Episcopus:

1.—Vicarii Capitularis potestatem obtinet, eisdemque obligationibus tenetur, cessante qualibet Vicarii Generalis potestate;
2.—Honorifica Episcoporum residentialium privilegia conservat;
3.—Integros percipit fructus mensae episcopalis ad norman can. 194. paragrf. II.

En este caso la Diócesis vac aría, cuando el trasladado tome posesión de su nuevo beneficio. (Can. 194. parraf. I.)

En caso de aplicarse la pena de deposición al ordinario del lugar, la jurisdicción ordinaria pasa al Cabildo tan pronto como se pronuncie contra el Diocesano la sentencia definitiva de privación de oficio, y el Cabildo podrá ejercerla válidamente luego que tenga noticia cierta de este hecho.

Dicho sea de paso, que estos casos son rarísimos y que este género de causas, que se llaman en derecho "causae majores contra Episcopos", están reservadas, según disposiciones del Concilio Tridentino, al Romano Pontífice. "Causae criminales graviores contra episcopos, etiam haeresis, quod absit, quae depositione aut privatione dignae sunt, ab ipso tantum Summo Romano Pontifice cognoscatntur, et terminentur. Quod sit causa. quae necessario extra Romanam Curiam sit committenda; nemini prorsus ea committatur, nisi metropolitani aut episcopis, a beatissimo Papa eligendis. Haec vero cmmissio, et specialis sit, et manu ipsius Sanctissimi Pontificia signata; nec unaquam plus his tribuat, quam ut solam facti instructionem summant, processumque conficiant, quem statim ad Romanum Pontificem transmittant: reservata eidem Sanctissimo sententia definitiva."

(Trid. ses. 24. cap. V. de Reform; Can. 1557, parrf. 1º n. 3º).

En caso de que el Obispo incurra en herejía notoria, se ha de decir lo mismo que se ha dicho en los casos de muerte. Tan pronto, pues, como se dé la sentencia definitiva en la cual se declara que el Obispo ha incurrido en herejía notoria, la jurisdicción ordinaria comienza a existir actualmente en el Cabildo, el cual puede comenzar a ejercerla con toda validez y licitud desde aquel mismo momento; puesto que al ser declarado el Obispo hereje notorio, ipso jure queda depuesto. (Cap ad abolendam, De haereticis; et cap. contra, De haereticis in VI.)

Ahora en la práctica, lo que se hace generalmente en estos casos, es lo siguiente: una vez probada suficientemente la falta que amerita la pena de deposición, u otra pena semejante, se le invita al culpable a presentar su renuncia; hecha ésta y admitida por el Romano Pontífice, ya queda en realidad vacante la Diócesis, por consiguiente ipso facto, pasa la jurisdicción ordinaria al Cabildo Catedral.

Con relación a la segunda cuestión, diremos que todos los canonistas convenían en enseñar; que los ocho días hábiles para la elección del Vicario Capitular, comenzaban a correr desde el día en que se tenía noticia cierta de la vacante. Entre los cuales citaremos a Diana, quien comentando este punto dice así: "Currere incipit dictum tempus a die scientiae mortis, vel translationis Episcopi ad aliam ecclesiam. (1)

Indudablemente que es también de la misma opinión el insigne canonista y Pontífice Benedicto XIV, puesto que dejó escrito lo que a continuación insertamos: "Tenetur capitulum intra octo dies post mortem episcopi auto aliter inductam ecclesiae vacationem, seu verius ab habita vacationis notitia... Vicarium constituere, per quem jurisdictionem ad se devulutam exerceat." (De syn. dioece. lib. 2 cap. 9. n. 2.)

Arora bien: según la disciplina del nuevo Código acerca de Vicario Capitular, no comenzará a correr desde el día en que la computación del tiempo, el plazo hábil para la elección del se recibe la noticia cierta de la vacante, sino un día después de haberse recibido la noticia; por consiguiente, si se tiene por ejemplo noticia cierta de la vacante el 4 de Septiembre, el 4 no deberá contarse; empezará, pues, a correr el tiempo hábil el 5 y terminará el 12. (Can. 34.)

Con lo que llevamos dicho ya, damos por suficientemente aclaradas las dificultades que arriba nos propusimos resolver, y desde luego pasamos a dilucidar la tercera cuestión; a saber: ¿desde qué manera debe el Cabildo administrar la Diócesis durante todo aquel período de tiempo que media entre la noticia

---

(1) Resolotiones morales in acto partes distributae, P. S. trac. 4. resol. 55.

cierta de la vacancia y la deputación del Vicario Capitular? No hay duda, que durante el intervalo de tiempo que antecede al nombramiento del Vicario Capitular, el Cabildo puede administrarla por sí colectivamente, puesto que según el tenor del decreto del Concilio Tridentino, el Cabildo no está obligado a proceder inmediatamente a la elección del Vicario; ni tampoco es derecho que corresponde exclusivamente a la prmera Dignidad del Cabildo, como malamente opinaban algunos antiguos canonistas, sino que es derecho que corresponde al Cabildo, así lo declaró la Sagrada Congregación del Concilio el 19 de Septiembre de 1620.

PARRAFO II.

DEL CONCEPTO DE SEDE IMPEDIDA Y E LAS NORMAS QUE SEGUN ANTIGUA DISCIPLINA DEBIAN OBSERVARSE EN SEMEJANTES CASOS, Y DE LAS QUE DEBERAN QUEDARSE SEGUN LA DISCIPLINA MODERNA.

Se dice que está impedida la sede episcopal, cuando la jurisdicción del Obispo no cesa por muerte, traslación, dimisión o deposición; sino que solamente se impide su ejercicio.

Según la disciplina antigua, al impedirse el ejercicio de la jurisdicción del Prelado por razón de algún impedimento físico o canónico, no se suspendía, ni cesaba, ni se devolvía la jurisdicción al Cabildo; sino que permanecía en el mismo Prelado, y al Cabildo incumbía la obligación de dar a conocer el estado en que se encontraba la Diócesis al Romano Pontífice, al cual competía exclusivamente el derecho de proveerla de un Administrador, y esto aun cuando fuera solamente para un corto espacio de tiempo, salvo los casos exceptuados por derecho; como por ejemplo: si el Obispo era aprehendido o reducido a servidumbre por los inficles y cismáticos, hasta que fuera restituido a su libertad. (Cap. III. de suppl. 18. in VI. S. C. C. 7 de Agosto 1687.)

Pero no se declaraba suspensa la jurisdicción cuando el Obispo podía comunicarse por cartas con sus súbditos, (Declaración de la S. C. C. ya citada) o cuando al separarse dejaba nombrado Vicario General para atender al régimen espiritual y temporal de la diócesis. (1) Empero esta disposición, que se expresa en el derecho, no era aplicable al caso en que la autoridad civil, excediendo sus atribuciones, encarcelase al Obispo y lo privase de la administración ordenando al Cabildo asumir el gobierno de la diócesis. (Gregorio XVI. Brev. in casu Episcopi. Colon.)

---

(1) Decss. de Pio VII. ano de 1811, in casu Episcopi Trecensi.

2.—Si el Obispo incurría en las censuras de excomunión o suspensión, la sede no vacaba, ni se transmitía la jurisdicción al Cabildo; sino que se debía recurrir a la Sede Apostólica para que proveyera; mientras tanto la jurisdicción ordinaria era ejercida provisionalmente por el Cabildo.

3.—Si el Obispo, estando ausente en lejanas regiones, se hacía inhábil, según antiquísima discipilna, el Cabildo debía atenerse a lo mandado en el "cap. unic. de cler. aegr. III. in Sext;" mas según disciplina aprobada posteriormente en la Curia Romana, quam primum, debía el Cabildo recurrir al Romano Pontífice para que proveyera; interín, seguía gobernando el Vicario General nombrado por el Obispo antes que se hiciera inhábil.

Bajo el nombre de inhabilidad, no se comprende una enfermedad transitoria, que por limitado tiempo, le embargue el uso de la razón; ni tampoco si adolece de una debilidad de la cabeza, que le haga menos apto para los negocios: pero que no le priva de la libertad suficiente para los actos morales: se trata, pues, tan sólo de un constante malestar, que le constituyera incapaz de todo acto moral. (1)

4.—Si estando ausente el Obispo en lejanas tierras, fallecía el Vicario General, o si quedaba impedido de hecho, o por derecho, en el ejercicio de las funciones de su cargo, la jurisdicción ordinaria no se devolvía al Cabildo, sino que se debía acudir al Romano Pontífice, a no ser que el Obispo previendo el caso, hubiese nombrado un segundo Vicario que entrara en funciones, en defecto del primero; pero si esto no era así, entretanto fuese despachada la provisión por la Sede Apostólica, quedaba el Cabildo encargado provisionalmente de la administración de la diócesis. (S. C. de Obispo y Reg. II de Enero de 1616. en Ferraris, V, capit. art. III. n. 36.)

El nuevo Código establece una disciplina más clara y concisa, que la expuesta, para fijar la manera como deben ser en adelante administradas las diócesis al quedar impedida la jurisdicción de su Ordinario.

He aquí lo que se dispone sobre el particular en los párrafos, I, II, III y IV, del canon 429: 1.—Sede per episcopi captivitatem, relegationem, exilium, aut inhabilitatem ita impedita, ut ne per litteras quidem dioecesanis communicare ipse possit, dioecesis regimen, nisi Sancta Sede aliter providerit, penes Episcopi Vicarium Generalem vel alium virum ecclesiasticum ab Episcopo delegatum esto.

2.—Potest in casu Episcopus, gravi de causa, plures delegare qui sibi incem in munere succedant.

3.—His deficientibus, vel, uti supradictum est, impeditis,

(1) Donoso (Instituciones de Derecho canónico Americano. tom. 1. lib. 2. pag. 412.)

Capitulum ecclesiae cathedralis suum Vicarium constituat, qui regimen assumat cum potestate Vicarii Capitularis.

4.—Qui dioecesim regendam, ut supra suscepit, quam primum Sanctam Sedem moneat de sede impedita ac de assumpto munere."

Según, pues, la moderna disciplina, si de tal manera se impide el ejercicio de la jurisdicción del propio Ordinario de una Diócesis por alguno de los cuatro motivos ya enumerados en el párrafo I, que no pueda comunicarse, ni siquiera por cartas, con sus diocesanos, a no ser que la Santa Sede provea de otra manera, la administración de la diócesis no se devolverá al Cabildo, sino que seguirá ejerciendo las funciones de su cargo el Vicario General, o la persona eclesiástica delegada por el Prelado.

Y en tales casos, *justa de causa*, puede delegar varios sacerdotes para que sucesivamente desempeñen las funciones del cargo de Vicario General. Solamente en defecto de éstos, o hallándose igualmente impedidos de ejercer la jurisdicción ordinaria, se devolverá ésta al Cabildo y será cuando pueda nombrar Vicario Capitular.

Nótese que es cosa nueva lo que se ordena en el párrafo IV de este canon; a saber: que aquel que se encargare de la administración de una Diócesis, por razón de estar impedido el ejercicio de la jurisdicción del propio Ordinario, debe quam primum dar a conocer al Romano Pontífice todo lo ocurrido.

¿Qué se diría en caso de verse impedida la sede por estar desterrado, o relegado el Obispo; mas no de una manera tal, que no pueda comunicarse con sus propios diocesanos por cartas?

A fortiori debe juzgarse que en tal caso la jurisdicción del Obispo no cesaría ni tampoco la de su Vicario General, por cuyo medio podrá cuidar de la observancia de la disciplina eclesiástica en la diócesis y resolver los negocios más urgentes, reservándose para sí, si le place, la resolución de los más arduos e importantes. Tal es la práctica que se está siguiendo actualmente por algunos de los celosísimos Prelados mexicanos que han sido inicuamente desterrados de sus diócesis. Pues parece ser la mira de esta nueva disposición, que se devuelva lo menos posible la jurisdicción ordinaria del Cabildo en los casos de sede impedida; mas no coartar, ni menoscabar la jurisdicción del Ordinario impedido, que puede fácilmente comunicarse con sus diocesanos, ni tampoco la de su Vicario General.

Ahora con relación a los casos en que incurriera el Obispo de una Diócesis en las censuras de excomunión, suspensión o entredicho, se ordena en el nuevo Código una disciplina distinta de la antigua. En efecto: vimos ya, cómo, según la antigua disciplina, en tales casos no vacaba la sede episcopal, ni se trasmitía la jurisdicción al Cabildo; sino que debía acudirse al Romano Pontífice para la provisión del caso, entre tanto el Cabildo Catedral gobernaba provisionalmente la Diócesis. Mas según la moderna disciplina, párrafo V. del canon 429, del libro II, se dispone que en semejantes casos el Metropolitano acuda al Romano Pontífice notificándole el hecho; y no el Cabildo, como se acostumbraba según la antigua disciplina; y en defecto del metropolitano, o si este mismo fuera el censurado, acuda a la Sede Apostólica el más antiguo entre los sufragáneos para la provisión; y si el incurso fuera un Abad, o Prelado mullius, o algún Arzobispo que carezca de sufragáneos, en tales casos acudirá el Metropolitano electo por ellos mismos, para los casos previstos en el canon 285. He aquí el texto literal del canon que hemos estado comentando: "Si Episcopus in excomunicationem, interdictum, vel suspensionem inciderit, Metropolita, eo que deficiente, vel si de eodem agatur, antiquior inter Sufraganeos ad Sedem Apostolicam illico recurrat, ut ipsa provideat; quod si de dioecesi agatur vel praelatura de quibus in can. 285, Metropolita qui fuit legitime electus, obligatione recurrendi tenetur."

CAPITULO 2.

DE LA ELECCION DEL VICARIO CAPITULAR

PARRAFO I.

DEL COLEGIO DE ELECTORES

¿A quiénes corresponde el derecho de elegir Vicario Capitular en los casos de sede vacante en una Diócesis?

Ociosa parece a primera vista esta pregunta, pues por lo que llevamos dicho, consta ciertamente, que este derecho corresponde al Cabildo Catedral; sin embargo, ahondando un poco más la cuestión, resulta a la vista la necesidad e importancia de hacer algunas aclaraciones sobre este punto, toda vez que de su clara inteligencia depende la solución de algunas dificultades que podrían ofrecerse en la práctica. Desde luego podemos afirmar con certeza, que bajo ningún título corresponde este derecho al Clero diocesano; sino que exclusivamente al Cabildo Catedral de la diócesis vacante. Tal es la práctica constante, observada hasta ahora, la común opinión de los doctores, y a la que se adhieren también las Congregaciones Romanas en las resoluciones que han dado sobre el particular.

Ahora, por lo que hace a las dignidades de las Catedrales, estrictamente hablandi, según antigua disciplina, no tenían derecho de tomar parte activa en las elecciones del Vicario Capitular: porque, por una parte, según derecho común no eran contados como canónigos o miembros del Cabildo; (1) por otra parte sabemos que según la mente del Concilio Tridentino, tales elecciones debían ser verificadas exclusivamente por los miembros del Cabildo. (No siendo, pues, consideradas o tenidas las dignidades como tales; síguese de aquí claramente, que según disciplina entonces vigente, no les correspondía el ejercicio de aquel derecho.) Más conviene notar, que había muchos lugares en donde según costumbre inmemorial, o según estautos particulares, o por otras especialísimas razones se consideraban las dignidades de la Iglesia Catedral como miembros del Cabildo, y gozaban de todos los derechos de los Canónigos, *etiam quoad jurisdictionalia.* No cabe duda, pues, que en tales Diócesis, las dignidades del Cabildo Eclesiástico disfrutaban también del derecho de tomar parte, así activa como pasiva, en las elecciones del Vicario Capitular, y que debían ser convocadas para que concurrieran y votaran cuando había que verificar ese u otros actos capitulares.

Lo dicho hasta aquí, se refiere a la más remota disciplina, pues esta cuestión tan controvertida entre los antiguos canonistas, ya es una de tantas cuestiones anticuadas, toda vez que, según resoluciones de la S. Congregación del Concilio, (2) expedidas el 3 de Abril de 1841, y el 2 de Junio de 1883, que a decir del Padre Wernz, (3) constituyen ya una disciplina vigente en los Cabildos, las dignidades de las Catedrales se consideran como miembros del mismo.

Todavía más: según el nuevo Código de derecho canónico, las dignidades de las Catedrales deberán tenerse en lo sucesivo como miembros del Cabildo, a no ser que otra cosa dimane de las especiales constituciones de algún Cabildo en particular. "Capitulum, dice el parrf. 2 del canon 393, constat dignitatibus et canonicis, nisi ad dignitates quod atatinet, aliud ex capitularibus constitutionibus eruatur; non autem inferioribus beneficiariis seu mansioniriis, qui canonicis auxilium praestant."

Debiendo, pues, según el nuevo Código, considerarse las dignidades como verdaderos miembros del Cabildo, en lo futuro ya no habrá dificultad alguna, para que tomen parte activa en las elecciones del Vicario Capitular, en la forma presente por el Concilio Tridentino; antes bien poseerán este derecho no en virtud de algún estatuto particular, o prerrogativa, sino en virtud de una ley general de la Iglesia, o sea por derecho común.

---

(1) (Bovx. De Capit. p. 57 sg. 72 sg.; Reiffens-tuel. lib. 3, tit. 2. n. 5; Schmalzgr. De Capit. n. 3.)

(2) (Act. S. Ded. vol. XV. p. 129 y sg.; vol. XVI. p. 230. sig.)

(3) (Jus. Decret. tom. 2, pag. 573, n. 773.)

¿Podrán alguna vez los beneficiados inferiores tomar parte activa en las elecciones del Vicario Capitular?

Se nos ocurre esta dificultad, por razón de que en algunos lugares, semejantes beneficiados disfrutan de los derechos de tener silla fija en el coro de los Canónigos, y voz activa en el Cabildo. Nuestra duda la encontramos suficientemente resuelta, y aclarada por el Tribunal de la Rota en las decisiones 144, y 251 part. 34ª. recent.

En la respuesta que da la Rota a la consulta que se le hizo, comienza primeramente recordando el bien conocido principio general, de que por derecho común el Cabildo Catedral debe constar solamente de Canónigos: "Quo attento, capitulum cathedralis ecclesiae de solis canonicis constare intelligitur... constituunt enim corpus unum cum episcopo tamquam capite..."

En segundo lugar pasa a decir, cómo esta regla, de suyo generalísima, puede tener excepciones. Añade, pues: "Haec utcumque veriosima, non tamen excludunt quin et alii praeter canonicos ingredi possint mysticum corpus capituli et votum in eo habere, ac dici de capitulo; sive privilegio, sive statuto, sive consuetudine: sed eatenus tantum quatenus privilegium, statutum aut consuetudo largiatur, nec ultra: cum limitata causa limitatum pariat effectum." (Decis. 251. n. 1. rec.) Et quoad electionem vicarii capitularis,... cum sit ex precipuis actibus capitularibus, merito ab iis qui sunt de capitulo geri debet... Hoc non repugnat cum decisione concilii Tridentini (Sess. 24, c. 16): cum enim generaliter concilium statuat, *Capitulum, sede vacante, etc.* jam omnes qui sunt de capitulo conprehendit, et neminem excludit. Et esto quod extra illud caput nonunquam ita loquatur ut capitulum ad solos canonicos restringat, id tamen facit respiciens ad id quod ut plurimun accidit, cum non sit adeo frequens ut capellani capitulum constituant, seed aut solis particularibus statutis aut approbata consuetudine." (Bouix, de capit. pag. 540.)

Concluyamos, pues, diciendo que la elección del Vicario Capitular debe ser verificada por los canónigos; y no por los beneficiados inferiores, a no ser en aquellos lugares en donde, por costumbre o por ley especial gozan éstos de todos los derechos canonicales, *etiam quoad jurisdictionalia.* Mas se ha de advertir que según Bouix en este caso ya no se les debe tener, como simples beneficiados, sino como verdaderos Canónigos, sino en el nombre, al menos en la práctica. (De capit. pag. 542.)

Resumiendo, pues, en pocas palabras, todo lo dicho anteriormente, podemos establecer como principio general en cuanto a la elección del Vicario Capitulor: que tendrán derecho de tomar parte activa en ella, todos y sólo aquellos, que por derecho común o particular son considerados como miembros del Cabildo Catedral de la Iglesia vacante.

PARRAFO 2.

DE LA FORMA DE ELECCION DEL VICARIO CAPITULAR SEGUN LA ANTIGUA DISCIPLINA

Veamos arora en qué forma debe verificarse la elección del Vicario Capitular. Cierto es que antiguamente, cuando pertenecía todavía a los Cabildos Catedrales el derecho de elegir a los Obispos, la Iglesia en sus cánones ordenaba que se observara en semeantes casos la forma solemne de elección, o sea que se hicieran usando de un formal y verdadero escrutinio. Así fué decretado bajo elPontificado de Inocencio III en el 4º Concilio de Letran, (1) año de 1215, y así aparece en el Capítulo, "Quia propter" X de Electione.

El Concilio Tridentino en sesión 25, capítulo 4. "De Regularibus et Monialibus," mandó que fuera observada la misma forma electoral por las comunidades religiosas cuando tuvieran que elegir sus Prelados y demás oficiales. Mas tratándose de la designación del Vicario Capitular, no había ley alguna que prescribiese el uso de la forma solemne de elección, o sea la de un verdadero escrutinio; sin embargo, no faltan autores antiguos, quienes fundándose en los cánones ya citados, sostenían, que aun la elección del Vicario Capitular debía verificarse por escrutinio. Mas el Concilio Tridentino al ordenar en su decreto, que los Cabildos encomendasen la jurisdicción ordinaria a un Vicario, impúsoles la obligación de efectuar esta elección; mas no les trazó la forma precisa en que debían verificarla; por consiguiente el Cabildo quedaba en la libertad de deputar su Vicario en los casos de sede vacante en la forma que quisiere.

El Cardenal de Luca era de poinión de que en este caso particular no había obligación de proceder por escrutinio; he aquí lo que dice comentando este punto del Concilio Tridentino; "Non tamen subest necessitas servandi illam scrutinii forman quae per sacros canones praescripta est in electione facienda de Prelato, vel Pastore ecclesiae viduatae; cum ista, non vera sit electio, sed simplex deputatio." (Adnot. ad C. T. disc. 31 n. 24.)

Era, pues, cierto que los Cabildos no estaban obligados a usar de aquella forma solemne de elección de que ya hablamos anteriormente al verificar la designación del Vicario Capitular; puesto que el Concilio Tridentino no mandaba, que se procediera en semejantes casos a una formal y verdadera elección, sino a una simple deputación. Así, pues, era suficiente para la válida designación del Vicario Capitular un decreto del Cabildo,

---

(1) Brueck. (Hist. of the Cath. Chur. vol. I. pag. 353.)

rite conditum, como dice el P. Wernz, nombrando algún Vicario Capitular. (Jus. Decret. vol. 2. pag. 607.)

Ahora bien: si los Capitulares querían por voluntad propia, proceder usando de la forma solemne, entonces, según resolución de la Sagrada Congregación del Concilio, dada el 18 de Abril 1885, debían usar de escrutinio, o sea proceder por sufragio secreto. Y en tal caso a ninguno le era permitido sufragar en favor suyo, o sea el votarse a sí mismo. (Act. S. Sed. Vol. 18, pag. 97.)

Como quiera, pues, que el Tridentino, no prescribió otra cosa más que el Vicario fuera constituído por el Cabildo, síguese de aquí, que para su legítima y válida designación se requerían solamente las condiciones necesarias para constituir un verdadero acto capitular.

Por consiguiente, bastaba:

1.—Que se convocara legítimamente al Capítulo por aquel a quien según derecho, o costumbre, correspondía hacer la convocatoria. Debían ser convocados, indicando el lugar, el día y la hora, todos aquellos, que según derecho, costumbre, o estatutos particulares gozasen de voz activa en el Cabildo, mas no a los que estaban ausentes en lejanas regiones, que no pudieran recibir la cita por razón de la brevedad del tiempo.

2.—Los votos, o sufragios debían ser dados por los Canónigos congregados *capitulariter,* o sea reunidos en Capítulo, y no se computaban los votos que remitiesen por escrito los ausentes, (decis. de la Rota in Leo-dien. 10 de Dbre 1498; en Monacelli, Formulario legal, en el apend. de la 2ª Part. decis. 39.)

Tampoco se contaban los votos añadidos, *extra capitulum;* porque, según el Concilio la elección del Vicario, corresponde al Cabildo, como colegio, mas no a los Canónigos, como personas privadas. (Pignatelli. Consult. canonic. tom. 1. cons. 23, n. 7, 8.)

Los ausentes, que se encontraban en un lugar donde podían y debían ser citados, siempre que fueran retenidos por impedimento notorio, cierto, o probado por juramento; podían deputar procurador, que votara por ellos; y si el procurador era Canónigo, no podía ser recusado; pero si era un extraño, quedaba al arbitrio del Cabildo, el admitirlo o rechazarlo. (Schmalzrueber, 1. cit. n. 27; Moonacelli, ob. cit. P. 1º tit. 1. form. 2, anot. 8.)

3.—Para que alguno resultara nombrado legítimamente, bastaba que obtuviera a su favor los votos de la mayoría del Cabildo, no precisamente de la parte más sana, sino de todos los que se encontraban presentes. (Lauren, c. 551; Reiffenstuel, de Elect. parrf. 6. n. 138 y sig.)

Bastaba, pues, para constituir la mayoría de votos, cualquier quier exceso sobre la otra mitad, aunque no fuera más que un voto; v. gr.: si eran trece los vocales, el que obtenía a favor suyo siete votos, resultaba electo. Según el Cardenal de Luca no se tendría por nulo el acto de la deputación, si al empatarse la elección, alguno votaba por sí mismo, a fin de completar a su favor la mayoría de votos. (De Canonicis et de Capit. disc. 26.) Hay también una decisión de la S. Congregación del Concilio en que se sienta la misma doctrina, y en la cual sin duda se funda el Cardenal de Luca. (S. C. C. in Matheranen. a 1649.) Mas ya sabemos que esta resolución fué corregida por la misma S. Congregación, según aparece en una respuesta que dió el 18 de Abril de 1885, cuando fué consultada sobre un caso idéntico al que se refiere el Cardenal de Luca.

Una vez hecha la designación; aquel que en virtud del acto capitular celebrado, resultaba como Vicario legítimamente elegido, *statim*, podía asumir la administración de la Diócesis, sin espera de más requisitos referentes a la elección por parte del Superior, como sería la confirmación; puesto que no se trataba de una verdadera elección, sino de un simple nombramiento. Tampoco era necesario que se le consignara el nombramiento por escrito, pues bastaba una notificación verbal. (Card. de Luca. 1. c. n. 10.)

PARRAFO 3.

DE LA MANERA DE ELEGIR EL VICARIO CAPITULAR SEGUN LA DISCIPLINA MODERNA.

En el nuevo Código se ordena que la deputación del Vicario Capitular, se haga por un acto capitular, según las normas prescritas desde el Canon 160, al 182 de Electione, y se dice claramente, que para la validez del acto se requiere la mayoría absoluta de votos. Permite además que una misma persona sea al mismo tiempo Vicario y ecónomo. (Parrf. 2 y 3 del Canon 433.)

Ahora no sabemos hasta qué punto obligará la observancia de esta forma de deputación, que prescribe el nuevo Código; no podemos asegurar, que de ella depende necesariamente la validez, o invalidez de la elección del Vicario Capitular, toda vezque, según la antigua disciplina era válido el nombramiento recho por un simple decreto del Cabildo, *rite conditum*, como decía el P. Wernz, sin que mediara escrutinio alguno. Sea de ello lo que fuere, creemos que dicha elección deberá practicarse en lo sucesivo, según las normas establecidas en el nuevo Código, en la forma que sigue; a saber: vacante la Diócesis, la primera dignidad del Cabildo dentro de los ocho días hábiles, a contar desde el día siguiente a la fecha en que se tuvo noticia cierta de la vacancia; convocará, señalando, el lugar, día y hora de la elección, a todos aquellos que por derecho común, o particular gozan de voz activa en el Cabildo. La cita deberá intimarse en el domicilio quasidomicilio, o lugar de habitación del convocado. Si por negligencia se omitiere la cita de alguien, que tenga derecho a ser convocado, y de consiguiente no estuviere presente al acto, valdrá la elección; mas a su instancia, podrá ser anulada por el Superior, siempre que conste jurídicamente que se interpuso el resurso al Superior, al menos dentro de los tres días después de obtenida noticia cierta del hecho de la elección. Si se omite la convocación de más de la tercera parte de los electores, ipso facto, será nula la elección. No obsta el defecto de convocación, si los omitidos se presentan espontáneamente y toman parte en el acto. Hecha la convocación, tendrán derecho de elegir, solamente aquellos que estuvieren presentes en el día establecido de antemano en la misma convocatoria; se excluye toda facultad de sufragar por carta o procurador, a no ser que por alguna ley peculiar se provea de otra manera, "nisi lege peculiari aliud caveatur". Can. 163. Si alguno gozare del derecho de sufragar por varios títulos, o motivos, no podrá dar más de un solo voto.

Para votar no se admitirá a ninguno que no pertenezca al gremio del Cabildo, salvis privilegiis legitime quaesitis; de otra manera la elección será nula. Can. 165.

Si los laicos, obrando contra la libertad de la elección eclesiástica, se mezclasen o intervinieren de cualquier modo en ella, ipso facto será nula la elección. Can. 166.

No podrán votar, los incapaces de acto humano; los incursos en censuras, los infamados por infamia juris, después de la sentencia declaratoria, o condenatoria del juez; los que dieron su nombre, o están adheridos públicamente a alguna secta herética, o cismática; los privados de voz activa; ya sea por legítima sentencia del juez, ya sea en virtud de derecho particular, o común. Can. 167.

Si fuese admitido alguno de los ya dichos, su voto será nulo; pero será válida la elección, a no ser que conste, que descontado su voto, el electo no rubiera obtenido el número de votos necesario para ganar la elección; o si a sabiendas fuese admitido un excomulgado por sentencia declaratoria, o condenatoria del juez. Si alguno de los electores estuviere presente en el lugar, o casa donde se está verificando la elección, pero por razón de enfermedad, no puede estar presente en ella, los escrutadores recabarán su voto por escrito; a no ser que otra cosa fuere establecida por costumbre, o leyes particulares. Será válido el sufragio que sea libre. Será inválido el sufragio dado por un elector obligado por medio grave, o dolo, directa o indirectamente, para elegir a cierta determinada persona, o a varias alternativamente.

Para la validez del voto se requiere, además de ser libre, que sea también secreto, cierto, absoluto y determinado.

Las condiciones impuestas a los sufrafios antes de la elección, se tendrán como puestas, y no surtirán efecto alguno. Nadie podrá votarse válidamente a sí mismo.

Antes de comenzar la elección se elegirán, mediante votos secretos, a no ser que fueren nombrados ya de antemano por los mismos estatutos, al menos dos escrutadores, pertenecientes al gremio del Cabildo, para que juntamente con el Presidente, si el mismo fuere también del gremio del colegio, hagan juramento de cumplir fielmente con el oficio, y de guardar secreto acerca de todo aquello que se acordare en la sesión, aun después de terminada la elección. Cuidarán los escrutadores, que los sufragios sean depositados secreta, diligente e individualmente por cada uno de los electores, guardando siempre el orden de precedencia; recogidos todos los votos, y puestos sobre la mesa presidencial, se examinará si el número de votos corresponde al de sufragantes, y los sufragios deberán ser examinados en presencia de los mismos vocales. No tendrá valor alguno el escrutinio, cuando el número de sufragios superase al de los electores. Los sufragios serán reducidos a cenizas, al terminarse cada escrutinio, o después de terminada la sesión, si en una misma sesión se tienen muchos escrutinios. Las actas de la elección serán hechas cuidadosamente por el actuario, firmadas al menos por el mismo, por el Presidente y por los escrutadores, y se cuidará al mismo tiempo de archivarlas. Entendemos que la elección podrá hacerse también por compromisarios, debiendo ser éstos sacerdotes, pues de otra manera será inválida la elección. Los compromisarios deberán observar para la validez de la elección las condiciones marcadas en el mandato, que no sean contra derecho común; y si no existe alguna, se atendrán únicamente a las prescripciones de derecho común. Las condiciones contra derecho común, se tendrán como nulas.

Si los electores delegaren en una sola persona, ésta no podrá elegirse a sí misma. Un compromisario no podrá añadir su voto al de los otros compromisarios, que sean a su favor, para ganarse la elección.

La elección será nula, si no se observare alguna de las condiciones señaladas en el mandato. Terminada la elección, se tendrá por electo, y será proclamado como tal por el Presidente, el que obtuviere la mayoría de votos. Como se trata de una simple elección, que se confirma ab ipso jure; y no por el superior, acto continuo se podrá extender por escrito el nombramiento y remitirlo al electo. Can. 159. Aceptado el nombramiento y hecha la profesión de fe, según fórmula aprobada por la S. A. (Can. 1406) el designado podrá entrar de lleno en el desempeño de las funciones de su cargo. Y este será el tiempo oportuno para que el sacerdote nombrado por el Prelado, según canon 380, para ser depositario del archivo secreto, durante la sede vacante, o impedida, remita o entregue ésta al Vicario Capitular.

El Vicario general o Secretario que retuviere otra llave igual del mismo archivo, deberá mandarla a la primera dignidad del Capítulo catedral, o al más antiguo de los Consultores, tan pronto como entre en funciones el Vicario Capitular, o Administrador diocesano. Mas antes que den este paso, deberán lacrar y sellar con el sello de la Curia la cerradura del archivo secreto. Canon 381. parrf. 2.

No se podrá abrir el archivo secreto, a no ser por una urgente necesidad, en tal caso se abrirá por el mismo Vicario Capitular en presencia de dos Canónigos, o Consultores, para vigilar que no se extraiga documento alguno del archivo. Sólo el Vicario Capitular o Administrador diocesano podrá examinar los documentos en presencia de los mismos canónigos y consultores; mas nunca separarlos de su propio lugar. Terminada la inspección se cerrará y se sellará de nuevo el archivo. Luego que venga el nuevo Obispo, si el sello fué removido y el archivo fué abierto; el Vicario Capitular le manifestará la razón, o razones que tuvo para abrir e inspeccionar el contenido del archivo secreto. Can. 382.

En el nuevo Código se considera como un abuso de autoridad el extraer, destruir, ocultar o inmutar substancialmente los documentos que pertenezcan a la Curia episcopal; a este propósito se establece la siguiente pena en el canon 2405. "De Delictis et Poenis": "Vicarius Capitularis aliive omnes tam de Capitulo, quam extranei, qui documentum quod-libet ad Curiam episcopalem pertinens sive per se, sive per alium subtraxerint vel destruxerint vel celaverint vel substantialiter inmutaverint ipso facto in excommunicationem Sedi Apostolicae simpliciter reservatam, et ab Ordinario etiam privatione officii, beneficii, plecti poterunt."

CAPITULO 3.

¿PODRA EL CABILDO CATEDRAL NOMBRAR VARIOS VICARIOS CAPITULARES EN LOS CASOS DE SEDE VACANTE?

Esta fué una cuestión, que se disputó y se contrevertió mucro entre los antiguos canonistas, sobre todo, a raiz de la celebración del Concilio Tridentino. Adhiriéndonos a la opinión de aquellos, que sostenían la negativa; decimos: que si es verdad que el Concilio no prohibió directamente, que se nombrara durante la vacante más de un Vicario Capitular; sin embargo, podemos colegir con razón de las mismas palabras, que se usa en el decreto, (cap. 16. ses. 24) que la mente del Concilio, fué que se nombrara un solo Vicario Capitular en los casos de sede vacante; puesto que al hablar del ecónomo, usa del número plural, indicado sin duda con esto, que podían ser nombrados uno, o más ecónomos; mas al referirse al Vicario Capitular, habla en singular, y dispone que se nombre un Vicario, o que se confirme al ya existente.

Bouix hace sobre este particular el siguiente curiosísimo raciocinio, que no podemos menos de insertarlo: "Posset certe capitulum legem Tridentinum eludere si ipsi liceret de jure communi plures eligere vicarios capitulares. Si enim possit eligere duos, quidne tres? Et si tres, quidne quatuor, et sic deinceps doneec ad numerum ipsum membrorum capituli deveniatur, ita ut omnes capitulares constituantur vicarii capitulares, quod idem erit ac mullum constituit? Unde mens ipsa et scopus Tridentinae legis quae voluit unitatem in regimine inducere, et scissiones multorum deliberantium praecavere, innuit unum tantum eligendum." (De Capitulis, pag. 551-552.)

Con sobradísima razón discurre de la manera ya indicada este clarísimo autor; puesto que uno de los fines principales, que se propuso el Concilio en su decreto, fué eliminar aquellos abusos que dimanaban de la administración colectiva de los Canónigos. Luego sería un absurdo el creer que permitiera lo que precisamente se proponía evitar. Si se iba a permitir que se nombrara lo mismo que antes dos o más Vicarios. ¿A qué establecer una nueva ley; puesto que ya existía la antigua que la toleraba? Discurrirían bien aquellos que sostenían que la mente del Concilio era que se nombrara un solo Vicario Capitular.

Finalmente, vienen a desvanecer toda ambigüedad sobre el particular las declaraciones de la S. Congregación del Concilio, que expresan claramente, que la mente del Tridentino es, que se nombre solamente un Vicario Capitular. Sólo citaremos unas cuantas para no ser prolijos en materia que no merece actualmente mucha atención.

1.—En la causa Tarentina, que cita Faganano en el Cabildo "His quaea de Mayorit, et Obed. n. 68." se lee lo siguiente: "S. Congregatio censuit unum tantum vicarium eligi posse ex quo Concilio sess. XXIV. c. 16 injungit Capitulo, ut deputet sede vacante economum unum vel plures, et eligit officialem seu vicarium: et ita ubi facit mentionem de vicarii electione non repetit illam dictionem 'Plures'. Veruntamen cum allegetur immemorabilis, agendum cum Sanctissimo, an eam velit sublantam. Sanctissimus respondit consuetudinem immemorabilem, si legitime probetur, non esse sublantam a Concilio; ideoque permittendum esse, ut juxta eam duo vicarii eligantur cum illis tamen qualitatibus quas ipsum Concilium requerit."

2.—En la causa Panormitana del 21 de Abril de 1592, se lee lo siguiente: "Congretio Concilii censuit, ex decreto Concilii Cap. 16 sess. XXIV. A captulo sede vacante, unum tantum vicarium esse eligendum. Caeterum non esse eo decreto sublatam consuetudinem duos aut plures eligendi, praesertim immemorabilem. (En Bouix, De Capit. p. 547.)

3.—Sacra Congregatio, circumscripta contraria consuetudine legitime praescripta, nequaquam licuisse capitulo, sede vacante, duos vicarios ut supra constituere. In Limana, 31 Maii 1625. (Bouix. 1. c. p. 549.)

4.—In Tirasonen. Eection. Vicarii Capitularis 13 Junii 1669. S. C. C. ad dub. 2m." An non accedente consuetudine vel privilegio possint eligi duo vicarii capitulares" respondit: "Negative."

"Ne pluribus commissa negotia segnius et difficilius expendiantur" (Pii IX epist. ad Vic. Cap. Cenomanen, 22. mart. 1862. en Bargilliat, Inst. Can. Tom. 1, pag. 592.)

"Etenim, ut unus in unaquaque diocesi est Episcopus, ita etiam omnino congruit unicus debeat esse Vicarius; hac enim tantum ratione servari potest unitas regiminis et actum uniformitas, quae, ad omnem confusionem praecavendam, neccesariae sunt." S. C. C. in rescripto ad Canonicos dioec. Ruthen, 4 sep. 1871. Bargilliat, (Ob. cit. y. 1. cit.)

De estas decisiones de la Sagrada Congregación del Concilio, que son interpretaciones auténticas del decreto y que tienen fuerza de ley general, deducimos las siguientes conclusiones: 1º que la mente del Concilio es que se nombre solamente un Vicario. 2º Que solamente se podía designar más de un Vicario en aquellos lugares, en donde existía la costumbre inmemorial de nombrar varios.

Decimos que se podía designar porque, según el nuevo Código, en lo futuro se nombrará solamente un Vicario, no obstante cualquiera costumbre en contrario, de otra manera será nulo el nombramiento. "Unus deputetur Vicarius Capitularis, reprobata contraria consuetudine; secus electio irrita est." Can. 433. parrf. 1.

No hay duda que la abundancia de Vicarios Capitulares en una Diócesis vacante, constituía un hecho que pugnaba abiertamente contra a mente, y fines principales que se propuso el Concilio Tridentino; puesto que la intención de los Padres reunidos en él fué eliminar aquellas deficiencias, que dimanaban con frecuencia de la administración colectiva de los Cabildos Catedrales en las vacantes; dotar a éstas de una administración más sencilla, y uniforme; y finalmente, facilitar a los administradores una manera más fácil de rendir un informe exacto acerca de su administración al Obispo sucesor.

CAPITULO 4

DE LAS CUALIDADES DEL VICARIO CAPITULAR

En el presente capítulo vamos a ocuparnos en hablar sobre las cualidades, que según la disciplina antigua, se requerían en la persona eligenda para desempeñar este cargo, y de las que según la disciplina moderna se exigen actualmente, indicando al mismo tiempo, las diferencias que existen entre ambas disciplinas. Antiguamente estas cualidades, se exigían por una especial disposición de Concilio de Trento, y en parte por derecho común. Mas en la disciplina moderna, como luego veremos, todas se exigen por derecho común.

PARRAFO 1.

DE LAS CUALIDADES DEL VICARIO CAPITULAR SEGUN LA DISCIPLINA ANTIGUA.

Según la disciplina antigua, además de probidad de vida, pureza de costumbres, y celo que deben resaltar en toda persona eclesiástica; de la falta de toda censura eclesiástica, e irregularidad, que se requieren en el promovendo, para regentar cualquier oficio, o beneficio eclesiástico; se exigían en la persona eligente las siguientes cualidades: a) que haya recibido al menos la prima tonsura clerical; b) que fuera de veinte y cinco años de edad, si no completos, al menos incoados; c) finalmente que fuera doctor, o licenciado en derecho canónico, o al menos idóneo. Dijimos que debía estar libre de toda irregularidad, pues aquel que fuera dispensado de la irregularidad ex *defecto natalium* para la lícita recepción de órdenes sagrados, debía ser dispensado de nuevo de la misma para que pudiera ser nombrado Vicario Capitular, puesto que la dispensa obtenida por algún sujeto irregular para la recepción de órdenes sagrados, no se consideraba válida y suficiente para la adquisición de algún oficio, o beneficio eclesiástico (Bouix, ob. cit. pa. 583.)

Entremos ahora en explicaciones más minuciosas con relación a la última cualidad, que es precisamente la que exigía con especialidad el Concilio Tridentino. En efecto; según decreto de este Concilio; (ses. 24, cap. 16,) al declararse vacante la sede episcopal, el Cabildo Catedral, dentro de los ocho días inmediatos, acontar desde la fecha en que se tenía noticia cierta de la vacante, debía procederse a nombrar un Vicario Capitular, o confirmar al ya existente, o sea al Vicario General del Obispo, predecesor, que dejó vacante la Diócesis por muerte, traslación, dimisión, o por alguna otra causa. El nombramiento debía recaer en una persona eclesiástica que fuera doctor, o licenciado en derecho canónico, o al menos idóneo, y perito en aquella facultad: "qui saltem in jure canonico sit doctor, vel licenciatus, vel alias quantum fieri poterit, idoneus (lug. y cap. cit.) Sin embargo, a pesar de esta disposición clara del Concilio de Trento, la opinión de los canonistas sobre la cuestión no era unánime. La razón de esta diversidad de opiniones sobre un punto tan claro dimanaba principalmente de las varias decisiones de la Sagrada Congregación del Concilio que parecen contradecirse unas a otras. Pasemos, pues, a examinar las resoluciones, que aducen tanto los unos como los otros, para luego solucionar la cuestión en cuanto sea posible. Los canonistas que sostenían la necesidad del doctorado en la persona eligenda para regentar este cargo, fundábanse en que la S. C. C. repetidas veces había declarado como nula la elección recaída en algún Canónigo, en cuya persona no concurría la cualidad del doctorado en derecho canónico, cuando en el Cabildo había al mismo tiempo otros capitulares que eran doctores en dicha facultad. El Cardenal de Andrea en el doctismo voto que dió en favor de la causa Curiense, cita de la manera que sigue todas las decisiones, que hasta entonces se habían dado en pro, por decirlo así, de los que llevaban la afirmativa: In Tarraconense anni 1590, dice su Eminencia, legitur generatim, electionem esse nullam, si ex gremio capituli praetermisso doctore, alius quantumvis antiquior eligatur, facultatem que eligendi devolvi ad metropolitanum vel viciniorem juxta cap. 16. sess. XXIV. Et similiter in Lancianense, 18 Augusti 1668, lib. decret, 26, pag. 59. decretum fuit deveniendum ad novam electionem vicarii capitularis, eo quod electus non est doctor, qualis in capitulo adest, ad praescriptum Sacri Concili. Neque secus in Mazarien. 19. Decembris 1569, uti habetur in Recineten. Vic. Capitular. 17 Sep. 1769. QuQaQre: in ea siquidem ita declaravit: Archiepiscopus constituuere debet capitulo octo dierum spatium ad eligendum vicarium doctorem, casu quod elegisset non doctorem, et eo non electo, omnis electionis potestas ad archiepiscopum transfertur. Et partier in Trventina Decembris 1586 lib. decret. 4, pag. 211, iterum declaravit: Eligendos in Vicarium doctores aut licentiatos, si qui sint in capitulo, sin minus sufficere, ut quantum fieri poterit, idoneous eligatur; aliaeque consimiles resolutiones in praefata Recineten. anni. 1768. Quare recensentur. Ubi etiam additur in Quod servandum ita capituli facultatem arctari, ut doctor elegi debeat omnino, etsi unicus habetur de gremio capituli, exemplo desumpto a Tricaricen. a. 1592, lib. decret. 7, pag. 44. Et in ipsa Recineten. Constanter fere per modum regulae constitui videtur, electiones ejusmodi non doctoris, omissis graduatis, generatim a C. Congreg. fuisse rejectas, allatis ad rem quam pluribus decretis. (25 Januarii 1862. Thesau. S. C. C. tom. 121 pag. 14.) (Apud. Hermes, De Capit. in sede vacante, vel imped. pag. 110.)

Por el contrario existen otras muchas resoluciones, de la misma Sagrada Congregación que confirman la elección de muchos Vicarios Capitulares que no eran doctores, y que fueron elegidos en contraposición de otros doctores que eran del Cabildo y al interponer estos recursos a la S. Congregación, ésta sostuvo la elección recaída en persona de aquellos que no eran doctores.

Estas resoluciones las cita también en su voto el mismo Cardenal, quien prosigue hablando en esta forma: Ita namque factitatum agnoscitur, antiquioribus missis, in Carinolen. 22. Septemb. 1714, lib. Decret. 64. pa. 389, ubi deputatio vicarii capitularis a capitulo peracta habita fruit tamquam legitima, rejecto doctore quem metropolitanus interea jure devolutionis constituerat. Indipsum servatum in Leopolien. 14 Januarii 1736, in qua vicarius generalis episcopi praedefuncti rite deputatus, cum de coetero non deessent in capituli caconici, doctoratus praerogativa decorati; ceu in folio S. Congreg. animadvertitur, confirmationem meruit ab. h. S. Ordine, licet doctorali laurea careret. Ac similiter vicarius defuncti; quam non doctor, imo extraneus esset a diocesi, a capitulo majori suffragiorum numero deputatus, habitus fuit uti legitime electus, aliorum canonicorum spretis querelis, qui sive in philosophica, sive in theologica facultate repariabantur doctorati, in Lyburtina 14 Aprilis 1764; et in Sorona Vicar. Capit. 24 Novemb. ejusdem anni confirmata est electio vicarii generalis laurea non insigniti, licet unus extaret doctor in jure inter capitulares, atque hic at episcopo viciniore, infirmata capituli electione fuisset deputatus. Haec inter auntem aliud reperitur decretum in Arcenen. 23. Februar. 1709 lib. Decret. 59 pag. 35, in qua cum majoribus suffragiis electus esset a capitulo, qui vicarii generalis munus egerat episcopi defuncti mulla doctoris laurea insignitus, et reclamante canonico doctore, curia metropolitana hunc deputasset, illo posthabito S. Congregatio decrevit. Neutram electionem susteneri, et vicariatum exerceri mandavit ab arcridiacono ejusden capituli nomine Sanctae Sedis. Minor enim capituli pars, etsi eligat pollentem praerogativis a Concilio requisitis; num-quam in hac materia legitimam perficiet electionem, majori parte inhabili; aut non graduato suffagante, ceu pluries declaravit Sacer ordo utramque despiciens electionem, ut in Aliphan. 8. Julii 1702. lib. Decret. 52. pa. 266, et in Nazarena 11 Septem. 1717 (Thes. S. C. C. tom. cit. pag. 20-21.) (Véase a Hermes ob. cit. p. 111-112.)

Claramente se ve que estas últimas resoluciones que acaban de aducirse se distinguen totalmente de las citadas en primer lugar; y son como el fundamento de la opinión de los que sostenían la contraria. En verdad parecen contradictorias, puesto que aquello mismo que afirman las unos, lo niegan las otras.

Sin embargo, esta especie de contradicción y pugna, que entre sí parecen tener estas resoluciones, desaparecen al momento, si tenemos en cuenta, que fueron emitidas, sin duda, en distintas ocasiones, para resolver casos, rodeados de circunstancias diferentes, y muy particulares. Por consiguiente, habiendo sido dadas con este fin; síguese de aquí, que según nuestro juicio, no podían constituir una regla general, que pudiera ser aplicada a cualquier otro caso en general.

Poco más o menos esta es la observación, que hace el mismo Cardenal en su voto: Est enim, escribe este Emmo. Cardenal, inicuique compertum, singula S. Congregationis decreta peculiaribus factorum adjunctis inspectis, esse prolata, quae quidem adjuncta raro admodum indentitatem cum casibus affinibus omnimodam praeseferunt. Et hinc fit, ut regulam haud constituant generalem, omnibus casibus accommodandam.'' (L. c., pag. 20-21.)

En verdad esta observación tan oportuna y acertada, viene a destruir en cierta manera esa pugna y aparente contradicción que a primera vista parece existir entre las resoluciones emanadas de una misma Congregación sobre una misma materia.

Claramente se ve también, que aquellas primeras resoluciones, que declaraban, que en el Vicario Capitular debía concurrir la prerrogativa del doctorado, constituían en verdad una regla, que era muy conforme con la mente del Tridentino, y que debía guardarse, siempre que entre los que componían la Catedral de la Iglesia vacante, hubieran doctores, idóneos bajo todo punto de vista para regentar provechosamente el cargo de Vicario Capitular. Tampoco bastaba la sola cualidad de Vicario General para ser Vicario Capitular, cuando entre el personal del Venerable Cabildo había personas, que en verdad eran doctores idóneos, que por su talento, ciencia, virtudes y otras buenas cualidades, y máxime por su prudencia, no eran menos recomendables que el Vicario General cesante. Puesto que, según disposición del Concilio de Trento para que el Vicario General pudiera ser confirmado en su oficio por el capítulo, al declararse vacante la Diócesis, era necesario, que concurriera en él, como en otra persona cualquiera que se tratara de nombrar, la cualidad del doctorado, o licenciatura en derecho canónico.

Confírmase lo que acabamos de decir con la siguiente resolución de la S. C. C. in Campaniense, 4 April 1637, lib. Decret. 13 p. 503, la duda fué ésta: ''An deputatio vicarii episcopi praedefuncti, non doctoris, in vicarium capitularem, non obstante quod in capitulo adsint Doctores, sustineatur, se potius jus deputandi fuerit devolutum ad metropolitanum? Responsum fuit: Deputationem esse nullam. (Hermes ob. cit. pa. 144.)

No obstante esta resolución que acabamos de insertar, algunas canonistas como Guadencio, (1) fundándose en las resoluciones alegadas en segundo lugar, defendían exprofeso que la sola cualidad de Vicario General, sin el doctorado, o licenciatura bastaba para ser nombrado Vicario Capitular.

Mas esto era sin razón alguna, pues como ya dijimos, aquellas decisiones no podían constituir regla general, porque fueron dadas, a no dudar, para resolver casos particulares, cuya solución dependía más bien de sus propias y especiales circunstancias.

Para mayor ilustración de este punto, consideremos por un momento. ¿Cuál es el fin principal y primario que se propuso conseguir el Santo Concilio de Trento con esta sabia disposición, si no siendo el garantizar el régimen administrativo de las Diócesis vacantes? O en otras palabras: ¿Cuál era, sino procurar que al frente de la Iglesia vacante estuviese una persona prudente, hábil y perita en las disciplinas y ciencias sagradas? Mas esta habilidad y pericia en las ciencias sagradas, no solamente puede darse en aquellos eclesiásticos, que son ex profeso doctores en alguna facultad; sino aun en aquellos que por su talento, su acendrado amor al estudio, y laboriosidad, se dedican a estudiar y a instruirse en las ciencias divinas y humanas. Así, pues, no es extraño que la S. C. C., como Intérprete de la ley tridentina, haya reconocido repetidas veces como válida la elección de Vicario Capitular recaída en personas eclesiásticas, que sin ostentar título alguno que pudiera crear presunción alguna en su favor, no eran en verdad menos dignas, y menos recomendables por su conducta ejemplar, prudencia y conocimientos en las ciencias eclesiásticas, que cualquier otro personaje, que ostentara tal vez vanidosamente sus títulos en algún ramo de las ciencias sagradas.

Ahora bien: ¿bastaba el doctorado sólo en Sagrada Teología para cumplir con la mente y disposiciones del Concilio Tridentino? Algunos canonistas antiguos como Recio, opinaban que bastaba sólo el doctorado en Teología para cumplir con los requisitos del decreto, por la razón, de que el Sínodo al ordenar que la elección recayera en alguna persona eclesiástica, que fuera al menor doctor en Derecho canónico: ("Qui saltem in jure canonico sit doctor," ses. 24, cap. 16) daba a entender, que a fortiori podía elegirse un doctor en Teología. Mas no parece que era muy acertada aquella iterpretación privada del citado autor. Parece, pues, que con la palabra *saltem*, que usa el Concilio en su decreto, quiso referirse más bien a los doctores en ambos derechos; a saber: civil y canónico, como eran en la época del Concilio Tridentino la mayoría de los doctores en Jurisprudencia.

---

(1) (Visit. Proelat. cap. 5. sec. 2. n. 17. tom. 1, pag. 560.)

Con esta parte directiva del decreto, quiso sin duda, dar a comprender el ya citado Sínodo, que deseaba que la persona que había de ser elegida para regentar este cargo eclesiástico, fuera versada y perita, si no en ambos derechos, como era de desearse, al menos lo fuera en derecho canónico; mas de ninguna manera quiso significar con esto, que a fortiori podía ser elegido el que era doctor, o licenciado en Sagrada Teología solamente.

Esta era la común y doctrinal interpretación de los más autorizados canonistas, fundada, sin duda, en las varias resoluciones que ha dado la Sagrada Congregación del Concilio sobre este particular. Encuéntranse algunas de estas decisiones, indicadas en el Tesoro de resoluciones, tomo 37, pag. 2238: "Qui cum concilium expresse eligi jubeat doctorem vel licentiatum in jure canonico, improvabit etiam electionem doctoris in jure civili auto sacra theologia, si post habiti fuerint doctores in jure canonico" (ut in astensi, 11 Julii 1626) In Oriolen. 24 artii 1627, (lib. 12 decret. fol. 53 y 222): in Capua 19 Junii, 1636 lib. 15 dechet. fol. 311.)

¿A qué clase de doctores y licenciados hace alusión el Concilio Tridentino en su decreto? Este es otro punto que conviene aclarar antes de pasar adelante. No nos cabe la menor duda, que el Tridentino alude en su decreto a los doctores y licenciados en Sagrados Cánones, que han obtenido sus grados académicos en Universidades públicas; mas no a los que obtuvieron sus títulos, *honoris causa tantum*, de alguna Facultad que tenga de la Sede Apostólica, potestad de conferir grados en Sagrada Teología, o en Derecho Canónico. A esta duda: "An hujusmodi doctor debeat esse doctor in publica universitate studiorum, an vero satis sit, ut fuerit promotus ex gratia ab aliquo comite Palatino vel ab alio habente auctoritatem a Sede Apostolica vel ab imperatore; adeo ut electio sit valida. Existentibus aliis qui ejusdem gradum in publica universitate? La Sagrada Congregación del Concilio respondió: "Debere esse promotum in publica universitate. In causa Montis Regalis, 19 Junii 1864 lib. 34, decret. fol. 18. (Véase a Bouix ob. cit. pag. 515.)

PARRAFO 2.

DE LAS CUALIDADES DEL VICARIO CAPITULAR SEGUN LA DISCIPLINA MODERNA.

Según se rdena en el nuevo Código de Derecho canónico, además de aquella santidad de vida, prudencia e ilustración que deben brillar en toda persona eclesiástica para poder ser destinada a ocupar algún puesto importante en la Jerarquía eclesiástica, se requiere que en la persona elegida para regentar este oficio eclesiástico concurran las siguientes importantes cualidads: a) que esté ordenado de Presbítero; b) que sea de 30 años de edad cumplidos; c) que no haya sido de antemano electo, nombrado o presentado para el mismo Obispado (parrf. 1 del canon 434.)

En el nuevo Código se insiste de una manera tal sobre estos requisitos que de no ser observados por el Cabildo, síguese la nulidad de la elección, se devuelve el nombramiento al Metropolitano o al Obispo más antiguo, tratándose de la Metrópoli, quien por esta vez deberá proceder a la designación del Vicario, después de haberse cerciorado del hecho de la violación de la ley por parte del Cabildo Catedral, y además todos los actos que hubieren sido autorizados y verificados por el Vicario inválidamente electo, como son: concesión de dispensas, ejecución de rescriptos, colación de beneficios, etc., etc., serán ipso facto nulos y carecerán de todo valor jurídico. "Si prescriptae conditiones posthabitae fuerint, Metropolita, aut si ecclesia Metropolitana vacans fuerit, vel de Capitulo metropolitano agatur, antiquior provinciae Episcopus, agnita rei veritate, Vicarium pro ea vice deputet; actus autem illius qui a Capitulo electus fuerat, ipso jure sunt nulli." (Párrafo 3º del Can. 434.)

Ahora bien: además de estos requisitos, exígese también por el mismo Código, que concurran en el candidato para este cargo eclesiástico la prerrogativa del doctorado, o licenciatura en Sagrada Teología o en Derecho canónico o al menos una reconocida pericia en ambos ramos. "Vicarius Capitularis sit praeterea in theologia aut jure canonico doctor, vel licenciatus aut saltem earundem disciplinarum vere peritus, in coque morum integritas, pietas, sana doctrina cum prudentiae laude conspirent (parraf. 3º del mismo Canon.) Digno es que notemos ahora las diferencias que existen entre la antigua y nueva disciplina sobre este particular.

En la disciplina antigua bastaba en la persona elegible la simple tonsura clerical para que pudiera ser válidamente apta; mas en la disciplina moderna se requiere bajo las penas de nulidad de la elección, y devolución, el Orden Sagrado del Presbiterado en la persona que se ha de elegir. Según la disciplina antigua, era suficiente para la válida elección, la edad de veinte y cinco años incoados, que requerían los Sagrados Cánones para la cura de almas, según la disciplina moderna se exige en el eligendo bajo la sanción de nulidad de la elección, la edad de treinta años cumplidos.

Según la disciplina antigua no bastaba en el candidato el Doctorado, o Licenciatura en Sagrada Teología; ahora basta el Doctorado, o Licenciatura en cualquiera de estas dos facultades.

El Santo Concilio de Trento en las Diócesis vacantes establece en la sesión 24 cap. 16 lo siguiente: "Capitulum sede vacante officialem... seu vicarium infra octo dies post mortem episcopi constituere vel existentem confirmare omnino geneatur, qui saltem in jure canonico sit doctor, vel licentiatus, vel alias quantum fieri poterit idoneus. Si secus factum fuerit ad metropolitanum ejusmodi devolvatur. Et si ecclesia metropolitana fuerit... capitulum ut praefertur negligens fuerit, tunc antiquior episcopus ex suffraganeeis... vicarium possit constituere.

Según se desprende del tenor mismo de este decreto, en la disciplina antigua había lugar a derecho devolutivo cuando el Cabildo practicaba una elección no conforme a la mente del Tridentino, que deseaba que fuera elegida una persona eclesiástica que fuera doctor, o al menos licenciado en Derecho canónico, y en defecto de ésta, una persona idónea.

Así quedó resuelto por una declaración de la Sagrada Congregación del Concilio, que es interpretación auténtica del mismo decreto, la cual dice: "Archipiscopus constituere debet capitulo octo dierum spatium ad eligendum vicarium doctorem, casu quo eligisset non doctorem; et eo non electo omnis potestas ad archiepiscopum tranfertur." (In Mazariensi, 19 Decemb. 1569.)

En la disciplina moderna, se ordena simplemente la designación de una persona eclesiástica graduada de doctor, o de licenciado en Sagrada Teología, o en Derecho canónico; o al menos que sea de una reconocida pericia en ambas disciplinas; mas no se hace mención de devolución alguna al Metropolitano, o al Superior respectivo en caso de contravención de este precepto por parte del Cabildo Catedral; como según queda dicho disponía manifiesta y claramente la disciplina antigua.

En la disciplina antigua vimos también que solamente merecían aprecio para el caso los grados académicos en Derecho Canónico obtenidos en Universidades públicas; mas no se hacía aprecio de los obtenidos, *honoris causa tantum*, en alguna Facultad con privilegio apostólico para conferir grados en ciencias eclesiásticas; (S. C. C. 19 Junii 1664.)

Juzgamos también, que ha de ser lo mismo en la disciplina moderna, mientras no se establezca alguna providencia en contrario. Pues si bien la nueva legislación se abstiene en hablar sobre el particular, sin embargo juzgamos que es razón más que suficiente para insistir en la observancia de esta práctica vigente hasta ahora, la decisión de la Sagrada Congregación del Concilio que dejamos ya consignada. Además en el párrafo 5, del Canon 331, que habla sobre las cualidades que deben concurrir en una persona eclesiástica para que pueda ser promovida a la dignidad episcopal, dispone que el eligendo goze de la prerrogativa del doctorado, o de la licencatura en Sagrada Teología, o en Sagrados Cánones, y que esta laurea haya sido obtenida en algún ateneo, o Instituto de estudios, aprobados por la Santa Sede. Luego *a pari* podemos conjeturar, que estos mismos grados deberán exigirse en el Vicario Capitular.

Dijimos también que según la disciplina antigua, el sujeto dispensado de la irregularidad *ex defecto natalium* para la lícita recepción de Ordenes sagrados, debía obtener una nueva dispensación a fin de que pudiera ser hábil para ejercer este cargo. Mas según la disciplina moderna, que se ordena en el nuevo Código, queda abolida implícitamente esta práctica; puesto que en el párrafo 3º del canon 991 que trata sobre las dispensas de irregularidades en general; dice, que se considerará dispensado, y hábil para obtener toda clase de beneficios eclesiásticos, incluso los curatos, siempre que no sean *consistoriales*, aquel sujeto irregular *ex defecto natalium*, que obtuviera una dispensa general para la recepción de Ordenes Sagrados. No siendo, pues, el Vicariato en una Diócesis vacante, ni beneficio, ni oficio consistorial, juzgamos, pues, que en lo futuro ya no será necesario para esta clase de irregularidade obtener una nueva dispensa para este caso, como se acostumbraba en la disciplina antigua.

PARRAFO 3.

DE ALGUNOS CASOS PRACTICOS SOBRE LA ELECCION DEL VICARIO CAPITULAR.

Habiendo hablado ya sobre las cualidades que se requieren en el Vicario Capitular, según antiguas y moderna disciplina, pasemos ahora a poner en claro algunos puntos relativos a la elección que estamos tratando, presentando las distintas cuestiones en forma de preguntas.

1.—¿Cuándo entre el personal del Venerable Cabildo Catedral de la Iglesia vacante no se encuentran doctores idóneos en Sagrada Teología, o en Derecho canónico, se podrá válida y legítimamente elegir alguno de los Capitulares que no fuera doctor; pero que por otra parte reuniese las dotes necesarias de idoneidad para desempeñar debida y provechosamente el oficio? El siguiente caso ocurrido en el Cabildo Carinolense el 22 de Sepbre. de 1714, nos resolverá la duda propuesta. En efecto: vacante la sede episcopal de aquella Diócesis, fué elegido Vicario Capitular el Primiserio, el cual no era doctor; pero era docto y era perito en las ciencias eclesiásticas. Noticiado el Metropolitano de lo ocurrido, procedió a desconocer y a nulificar la elección recaída en el Primiserio del Cabildo, alegando, que no era doctor, y procediendo al mismo tiempo a la elección de otro canónigo que era doctor. Mas el Primisterio interpuso recurso a la Sagrada Congregación del Concilio, y la cual resolvió que se tuviese como válida la elección del Primiserio hecha por el Cabildo Catedral. (Bouix, ob. cit., pag. 517.) Colígese, pues, fácilmente de esta resolución de a Sagrada Congregación Conciliar que acabamos de citar, que no habiendo entre el personal que compone el Cabildo Catedral algún doctor idóneo para regentar el cargo de Vicario Capitular durante la vacante, el Cabildo Catedral podrá nombrar para desempeñar este oficio el Capitular, que según su dictamen y juicio, le pareciese más idóneo para el caso, aunque por otra parte no fuera graduado en ninguna facultad. Esta es la opinión que sostiene el Cardenal de Luca, quien después de insistir en la necesidad de elegir un dctor, si entre los Capitulares los hay idóneos, añade: "Secus autem si in capitulo graduati non adsint quamvis in civitate, vel diocesi graduati idonei existant; quoniam potest quidem capitulum aliquem ex eis deputare, sed non tenetur, ideoque unum de capitulo, quamvis non doctorem, tali casu licite deputare potest." (Ad not. ad. S. C. T. discurs. 31 n. 11; Item de canonico et Capit. disc. 24, n. 5; dic. 33, n. 5.)

Ahora bien, aunque en el Santo Concilio de Trento no se impone al Cabildo eclesiástico la obligación de elegir precisa y exclusivamente alguno de los Capitulares, sino que simplemente se ordena, que sea designado por el Cabildo Catedral un Vicario Capitular, que sea doctor, o licenciado en Derecho Canónico; aunque tampoco en el nuevo Código de Derecho Canónico se inculca esta obligación; sino que el Legislador siguiendo, con no menos sabiduría que prudencia, las huellas y normas trazadas por los P. P. del Concilio Tridentino, viene a establecer esta vez una nueva disciplina, que se asemeja en gran parte a la antigua, como quiera que ésta se funda y se inspira en aquélla; sin embargo de todas estas razones juzgamos más conveniente la opinión del Emmo. Cardenal de Luca. Pues si bien, la Sagrada Congregación de Concilio ha insistido en sus decisiones sobre la necesidad de la elección de los doctores, o licenciados; sin embargo juzgamos que esta necesidad urgirá cuando entre el personal, que integra el Cabildo Catedral hay doctores, o licenciados verdaderamente idóneos para el caso, como lo declaró la misma S. Congregación en la cuasa triventina. "Eligendos in vicarium doctores, aut licenciatos, si que sint in capitulo, sin minus sufficere ut, quantum fieri poterit, idoneus eligatur." Conviene también advertir, que no fué otra la razón que tuvo el Sinodo al dictar esta providencia que la de colocar al frente de la Diócesis vacante una persona apta que la pudiese administrar provechosamente mientras durara la vacante. Luego, si mediante la elección de algún capitular celoso por la salvación de las almas, prudente, y de una instrucción nada vulgar, se obtiene el fin primario que se propuso el Concilio del Trento en su decreto, no hay duda que la elección de semejante persona eclesiástica, adornada de todas las cualidades necesarias de idoneidad, aunque por otra parte, fuera desprovista de toda clase de grados académicos, sería válida, legítima y muy conforme con la mente de los P. P. de aquel Concilio; por consiguiente habría que sostenerla, como de hecho la ha sostenido siempre la Sgda. Congregación del Concilio.

Opinamos, pues, que los canónigos no están obligados a nombrar alguno de los Doctores, que no pertenezca al Cabildo, cuando entre los suyos cuenta con personas eclesiásticas idóneas, y de las cuales puede elegir alguna, que por sus antecedentes prometa dministrar con provecho de las almas la Diócesis vacante. Pues ordinariamente, un eclesiástico que no sea de Cabildo Catedral, por más instruído que sea en las ciencias eclesiásticas, puede decirse que es menos idóneo para encargarse del gobierno de la Diócesis, (excepto siempre el Vicario general cesante,) que cualquiera de los Canónigos, que se supone que están impuestos de los diferentes asuntos concernientes al gobierno general de la Diócesis, y que en sede plena ayudan al Obispo en la administración de la Diócesis. Y si alguna vez la Sgda. Cngregación del Concilio ha insistido, como en la causa Tricaricense, sobre la necesidad de elegir algún doctor extraño al Cabildo Catedral, fué sin duda, porque entre los Canónigos de aquella iglesia vacante, no se encontrarían personas eclesiásticas realmente hábiles e idóneas para el caso. O porque las circunstancias de la localidad, o del caso merecían semejante resolución.

Este sería también el caso en que se pueda confirmar en su oficio al Vicario General del Obispo difunto, si a juicio del Venerable Cabildo Catedral, reune las condiciones necesarias de idoneidad para regentar con fruto el oficio de Vicario Capitular, aun cuando fuere desprovisto de toda clase de grados académicos. Máxime ahora, que según la disciplina nueva que establece el código, no se insiste, bajo pena de nulidad de elección, como se insistía en la disciplina antigua, sobre cualidades del doctorado, o de licenciatura en Sagrados Cánones, pues basta, como ya vimos, una verdadera y reconocida ilustración en las ciencias sagradas en la persona para que sea eligible. "Vicarius Capitularis sit proeterea in theologia aut iure canonico doctor, vel licentiatus au saltem earundem disciplinarum vere peritus, in coque morum integritas, pietas, sana doctrina cum prudentiae laude conspirent" (parrf. 2, del canon 434.)

2. ¿Si entre el personal que forma el Venerable Cabildo de la Diócesis vacante, no hubiere más que un solo Doctor idóneo, deberán los Canónigos elegirle necesariamente para regentar el cargo de Vicario Capitular?

El Emmo. Cardenal de Andrea expresa su opinión sobre este particular en la causa causiense en esta forma: "Quod autem asserunt recentiores quidam auctores de necesitate eligendi doctorem, ne secus electio invalida sit, etsi unus dumtaxat adsit in capitulo, nec menti Tridentinorum Patrum nec juris eligendi naturalae videtur congruere eoque minus praxi S. Congregaciones. Id enim voluise praesumendum amplissinum illum E. E. Patrum consessum, ut scilicet diocesis regimen ei concrederetur a capitulo, quem prae aliis sciencia, prudentia, et probitate praestantiorem agnosceret; hoc enim suadet gravissimum tanti muneris officium. Quod fieri non posset, si doctor unicus existens necessario deberet eligi, cum exinde facultas non esset capitulo eligendi merita, ac majorem idoneitatem perscrutandi atque librandi. Quae quidem interpretatio magis magisque confirmatur ex natura electiones. Ut enim haec congrue voleat exerceri necesse est absolute, ut libertas seeu latitudo quaedam adsit unum eligendi inter plures, haud saltem pauciores quam duos. Quod si unicus doctor existens ex necesitate deberet eligi actum esset de libertate electionis. Proptereaque merito concludi posse videtur, capitulum haud cogi doctorem assumere, si unus dumtaxat existat." (Véase Hermes, ob. cit. pag. 116.)

Encuéntrase también sostenida esta misma doctrina en muchas de las decisiones ya citadas de la Sgda. Congregación del Concilio en las cuales se reputan como válidas las elecciones de muchos Vicarios Capitulares, que no eran doctores, dejando a un lado las quejas del único Canónigo doctor que había en el Cabildo, como aparece en la Carinolense en el año de 1714. No pocas veces aparece también revocado el nombramiento hecho por el etropolitano en virtud de derecho devolutivo, como puede verse en las causas siguientes: Aliphana, a, 1702, Arcenen. a. 1709; Nazarena, a. 1717.

Oigamos ahora al Cardenal de Luca sosteniendo esta misma opinión: "Deputandus autem est vicarius, dice este Emmo. Cardenal, qui ad minus in jure canonico doctor sit seu licentiatus, sin minus (quoties in Capitulo ita graduati existant *in aliquo competenti numero*, intra quem electiones *liberatas* congrue exercibilis remaneat) deputatis invalida-pluries per S. Congreg. declarate est. secus autem si in capitulo graderati non adssint in dicta numero, intra quem dicta *libertas* cadat, quamvis in civitate vel diocesi graduati idonei existant, quoniam potest quidem capitulum aliquem ex iis deputare, sed non tenetur, ideoque unum de capitulo, quamvis non doctorem tali casu licite deputare potest." Adnot. ad. C. T. disc. 31, n. 11.)

Mas esta opinión del Emmo. Cardenal de Luca no concuerda, según Bouix, con las decisiones de la Sgda. Congregación del Concilio, que alguna de ellas aparece en el Tesoro de resoluciones (tomo 37, pag. 238) bajo la siguiente forma: "Quod servandum quoque mandavit Sacra Congregatio (nempe eligi doctorem) etiami in casu quo unicus dumtaxat de gremio capituli adsit ad doctoris dignitatem." ut in Neritonensi, 24 Julii 1645 (lib. 17 Decret. pag. 209); et in Ecclesiensi, 3 Julii 1679 (lib. 24 Decret. pag. 457").

El canonista francés adhiérese desde luego a las decisiones de la Sgda. Congregación del Concilio, las que en cierto modo corrobora, cuando raciocina de esta manera: que si bien, es verdad, dice este esclarecido escritor, que no puede concebirse, que pueda darse una verdadera elección sin contar al menos con algunas personas, elegibles; sin embargo, conviene advertir que no es la mente del Concilio Tridentino, imponer la obligación de verificar una estricta, y solemne elección en tales casos; sino más bien una simple designación como se desprende claramente del tenor mismo del decreto, en el cual no aparece para nada la palabra elección; mas si se usa del vocablo deputación. (De capit. pag. 518.)

Por lo que a nosotros toca, juzgamos que conviene atenerse a la opinión de los Emmos. Cardenales ya citados, máxime ahora que en la disciplina moderna ordenada en la nueva Codificación del Derecho Canónico, se dispone según vimos, que los Canónigos que se adapten, al verificar esta elección, a las normas, que se establecen en el título de "electiones". Disposición que no podrá ser llevada a cabo, sin contar al menos con algunos sujetos que sean elegibles. Opinamos, pues, que en este caso, no está obligado el Cabildo a designar como Vicario Capitular al único doctor que hubiese entre los canónigos de la vacante.

Ahora bien, si los Sres. Capitulares de la Iglesia Catedral de la vacante, obrando según las normas, que conforme a la novísima disciplina, deben guardarse fielmente por el Cabildo al verificar la elección del Vicario Capitular, conviniesen libre y unánimemente en elegir, guiados únicamente por un criterio recto, y por un bien entendido celo por el bien de las almas, al único doctor hábil y perito, que hubiera entre el personal del Cabildo eclesiástico, no hay duda que obrarían bien y que sería válida la elección.

3. ¿Deberá ser elegido necesariamente alguno de los Capitulares para desempeñar este cargo eclesiástico? Es evidente que no; pues no hay ley alguna que lo prescriba ni en la antigua, ni en la disciplina moderna. Mas aun; hay canonistas de nota, como el Cardenal de Luca, que aconsejan la conveniencia de elegir a un extraño: "Quamvis autem Sacra Congregatio laudet, dice este Emmo. Cardenal, ut existentibus graduatis vel alias idoneis de capitulo, vel de gremio ecclesiae cathedralis, in uno istorum deputatio cadere soleat, si tamen eligatur doctor idoneus gremium, non exinde actus remanet invalidas. Quinimo

id insinuat ipsummet concilium Tridentinum, dum primo loco agit de confirmatione vicarii generalis Episcopi defuncti; qui in magnis dioecesibus pro frecuentiori contingentia supponendus est exterus. (Annot. ad Concil. discur. 31.)

En el Tesoro de las resoluciones de la S. C. C. (tomo 33, pag. 56) se lee: "Tridentinum sanx-it omnino capitulum teneri, officialem seu vicarium infra octo dies constituere, vel existentem confirmare, qui saltem in jure canonico sit doctor, vel licentiatus, vel dias quantum fieri potest idoneus. Nihil ultra de eligendi meritis quaesivit, neque de cive, neque capitulari, neque de extraneo; imo extraneum videtur no exclusisse dum confirmationem prioris vicarii permisit." (Véase a Bouix. ob. cit.. pag. 520.)

Además, consultada la Sagrada Congregación del Concilio, de si existe la obligación de elegir precisamente alguno de los Capitulares; contestó: que no; pero que en igualdad de circunstancias se prefiera al Capitular. (Neritoneusi die 24 Julii 1643.)

4. ¿Deberá el Venerable Cabildo de la Diócesis vacante elegir con preferencia al más digno para regentar este cargo eclesiástico? Aunque en la elección de cargos eclesiásticos se buscan las personas más idóneas, y de ello nos dan testimonio aquel vivo interés que tuvieron los primeros discípulos de Jesús, Señor nuestro, para que el más digno ocupase el puesto del infiel Apóstol. La solicitan mediante la oración, que es medio más adecuado para obtener buen acierto: "Et orantes dixerunt: Tu, Domine, que corda nosti omnium, ostende quem elegeris, ex his duobus unum," para que tome el lugar de este ministerio, y apostolado, del cual, por su prevaricación, cayó Judas." Hechos de los Ap. cap. 1. vers. 24-25.)

Desde los primeros siglos del cristianismo vemos que los encargados de distribuir los cargos eclesiásticos se inspiraban en el bien de las almas, y procuraban elegir los más dignos. Ad sacerdotium non eligatur nisi qui coeteris et sanctior et doctor. (Sn. Jerónimo). Non ex favore, sed ex judicio debet venire electu. Locus Regiminis sicut, desiderantibus est negandis, ita ut fugientibus est offerendus."

Gregorio Papa dice: "Contra Christum facient, qui gratiae non meritis gradum ecclesiasticum tribunt." (Canon 7, Question 1.) Aunque también el Santo Concilio de Trento exhorta y amonesta "omnes et singulos qui ad promotionem praeficiendorum quodcumque jus, quacumque ratione, a Sede Apostolica habent, aut alioquin operam suam praestant... in primis meminerit nihil se ad Dei gloriam et populorum salutem utilius posse facere, quam si bonos pastores Ecclesiae gubernandae idoneos promoveri studeant, eosque, alienis pecatis communicantes, mortaliter peccare, nisi quos digniores et Ecclesiae magis utilis ipsi judicaverint, non quidem precibus vel humano affectu aut ambientium suggestionibus, sed eorum exigentibus meritis, praefici diligenter curaveint.'' (Sess. 24, cap. 1, de refor.)

Sin embargo, juzgamos que el Cabildo catedral en la elección del Vicario Capitular no está obligado bajo pena de nulidad a procurar el nombramiento del más digno, y la elección de algún eclesiástico digno será válida, no obstante la presencia de otros más dignos, que pudieran ser elegidos, así se desprende de los Capítulos Cum nobis, 19; y Cum dilectus, 32. De electione. in 6º. Y Sto. Tomás da la razón de la validez de la elección recaída en la persona del menos digno; cuando dice: ''Quia si electio impugnari potest ex eo dumtaxat quod non fuerit electus melior, omnis electio posset habere calumniam, et lata porta aperiretur innumeris litibus.'' (S. Th., 2.2, q. 63. ad. 3.) Con esto no queremos decir, ni tampoco negar, que sería muy laudable, y digno de encomio, el que los Canónigos, teniendo en cuenta que los muy nobles deseos de la Iglesia es que se elijan las personas más idóneas para desempeñar los cargos eclesiásticos; desplegaran, a semejanza de los Apóstoles, todo su celo y amor por el bien de las almas privadas de Pastor, procurando, en cuanto esté de su parte, en semejantes casos, la promoción del eclesiástico más digno, más idóneo y hábil para regentar fructuosa y provechosamente un cargo tan importante y difícil en una Diócesis vacante.

Sentados los principios anteriores vengamos ahora a establecer en forma de corolarios algunas reglas, que pueden servir de base y fundamento para la fácil y ligera solución de algunos casos que puedan darse en la práctica.

1. No se infiere la nulidad de la elección del simple hecho de haber recaído en una persona, que no pertenezca al gremio del Cabildo; puesto que eel Concilio Tridentino no sólo no impone la obligación de elegir precisamente alguno de los Canónigos, antes por el contrario se abstiene de mencionarla. Tampoco en el nuevo Código se hace esta providencia. Así, pues, podrá ser inválida la elección del extraño por causas ajenas, mas nunca podrá ser nula por el mero recho de ser el electo extraño al gremio del Cabildo.

2. Tampoco se sigue la nulidad de elección por ser el electo de una distinta Diócesis. Aun cuando esto, no se encuentra expreso en términos concretos en el Tridentino; sin embargo, colígese fácilmente del tenor mismo del decreto, pues el Concilio no exige, ni dispone que se elija alguien de la misma Diócesis. Mas aun; declara y da a entender implícitamente, que puede ser elegido alguno que no pertenezca al clero diocesano, cuando permite que sea confirmado en su oficio el Vicario General, el cual, según opinión de los canonistas, debe ser, de Diócesis diferente.

3. Cuando ninguno de los Canónigos fuere doctor, o licen-

ciado en Sagrada Teeología, o en Derecho Canónico, se podrá elegir, según la Sagrada Congregación del Concilio, alguno de los doctores, o licenciados que hubiere dentro del clero diocesano, aun cuando no perteneciere al Cabildo. (ut. in Tricaricensi 1592.)

4. Ahora bien: habiendo dentro y fuera del Cabildo doctores idóneos, igualmente dignos y recomendables por su ciencia y sus virtudes; in coeteris paribus, se ha de preferir según la misma Sgda. Congregación, alguien que sea del Cabildo. Y así se debe proceder, aun cuando alguno de los extraños, fuere de mayor idoneidad, que cualquiera de los Capitulares.

Suplicada la Sgda. Congregación del Concilio, que se dignase explicar el sentido de aquella frase: *coeteris paribus,* respondió: Intelligenda esse tantum de paritate quoad qualitates a Concilio Tridentino requisitas.'' ''In Neritonensi, die 24 Julii 1643 Cum alias Sacra Congregatio censuit in vicarium capitularem eligi posse aliquem extra capitulum; si tamen quis de gremio capituli reperiatur habilis, istum coeteris paribus esse praeferendum; ideo canonici ecclesiae Neritonensis, ad evitandas in hujusmodi electione controversias, supplicant declari quomodo intelligenda sint verba illa coeteris paribus; an ita ut, si in capitulo adsset habilis eligi posset, etiam si alius extra capitulum esset magis habilis.—Sacra Congregatio respondit, ita esse intelligenda, ut sufficiat capitularem habere qualitates a licentiatus in jure canonico, vel alias idoneus.'' (Libro 17º de los Decretos, véase a Bouix, ob. cit. pag. 520.)

En igualdad de circustancias han de ser preferidos los Canónigos según lo enseña la Sagrada Congregación del Concilio, aun cuando fueran menos hábiles que los extraños, siempre que reunieran, aunque sea en menor cuantía, todas aquellas dotes necesarias de idoneidad, que exigen los Sagrados Cánones concurran en las personas eclesiásticas, que han de ser destinadas para ergentar este cargo eclesiástico.

PARRAFO 4.

¿PODRA NOMBRARSE ALGUN PARROCO PARA REGENTAR EL CARGO DE VICARIO CAPITULAR EN UNA DIOCESIS VACANTE

La causa de la erección de las parroquias, determinando sus límites, tuvo su origen en la dificultad de poder ser asistidos los fieles convenientemente desde la Iglesia matriz, residencia del Clero.

La distancia, la posición topográfica, el aumento de la feligresía hizo pensar en la designación de un Sacerdote, (hoy Pá-

rroco) que residiese dentro de los términos de la feligresía. No entramos aquí con Tomasino y otros canonistas, a decir, desde cuando se principiaron a llamar parroquias, mas desde que surgió esta necesidad de facilitar a los fieles el oir misa y poder recibir los Sacramentos, oportunamente, se estableció la obligación de residir el Párroco con sus fieles.

El Párroco tiene tal obligación de residir en la Parroquia, que hay canonistas que la consideran de derecho divino. (Pignatelli. tom. 7, consult. 4.) El Papa Benedicto XIV, en su lib. 7º del Synodo, cap. 1, dice que sobre esto nada hay definido: "De cavendis quoad quaestiones nondum definitas: ubi de quaestione: an sit de Jure divino residentia quoad habentes curam animarum." Fúndanse los teólogos y canonistas, que siguen esta opinión en las palabras del Concilio de Trento, sesión 23, cap. 1. De reformatione: "Cum praecepto divino mandatum sit omnibus, quibus animarum cura commmisa est oves suas agnoscere, pro his sacrificium offerre; verbique divine praedicatione... quae omnia nequaquam ob in praestari et impleri possunt qui gregi suo non invigilant neque assistunt."

Esta cuestión tratada en el Concilio Tridentino en la sesión 6, bajo Paulo III, se volvió a tratar de las sesiones XIX y XXIII, bajo Pio IV y se convino en que a los Párrocos se les obligase a la residencia con severísimas penas; pero que se quedase en suspenso el declarar por que derecho obligaba la residencia: "Licet neque in illo Concilio Lateranensi sub Inocentia III; neque a Tridentino clare definitum est, an residentia de jure divino esse censeatur definitum sit, quod neque etiam nos nunc ex improviso defenire audeamus." El Papa Benedicto XIV se inclina a creer que es de derecho divino. En el decreto de Graciano y en las Decretales ya tenemos en el lib. III, lit. IV, cap. 1, tratada xtensamente esta materia, y desde luego puede afirmarse que es de derecho eclesiástico. Las Decretales contienen la disciplina eclesiástica desde los primeros tiempos de la Iglesia, y obsérvese que cada Decretal no hace sino exponer la doctrina de los antiguos Concilios, o resoluciones de los Papas. Considerando esto, veremos que la residencia de los Párrocos ha sido obligatoria en todas épocas desde los primeros siglos. En el Concilio de Nicea: "Excommunicetur Clericus qui relicta sua ecclesia ad eam redire noluerit." En el Concilio de Antioquia: Si quis deserta sua ecclesia, et si post evocationem sui Episcopi non obiderit, ab officio deponi debere." En el Concilio de Sárdica ya se impone la obligación de residencia, y en el de Letrán se previene que no se concedan dos iglesias, por la razón de no poder residir en ambas. "Uni plures dignitates vel ecclesiae conferri non debent, et ecclesia est conferenda illi qui residere valeat per ipsum." (Lib. III, tit. IV. cap. III.)

El Papa Alejandro III dice que no se admita al presentado

para una parroquia si no promete residir, y que si después no cumple, se la separe.'' Praesentatus ad ecclesiam, si apparet quod noli residere, non debet institui, et non residens, privatur, appellatione remota.'' (Cap. IV.)

En el Decreto ''Maxima Cura'' promulgado por Su Santidad el Papa Pío X de feliz memoria, (20 de Agosto 1910, Acta 11, 636) aparecen como un motivo que amerita la remoción administrativa del Párroco, las faltas cometidas contra la residencia. Y en el nuevo Código se insiste de una manera tal sobre las obligaciones que tienen los Párrocos de residir, siempre en sus Parroquias, que se establecen normas especiales, a las cuales deberán conformarse los Párrocos, cuando por algún motivo tengan que ausentarse de las feligresías y esto aun cuando sea por algún corto espacio de tiempo. (Véase el canon 465.)

Todas las razones que hemos alegado en pro de la obligación gravísima de residencia que pesa sobre los Párrocos, obligación que, según hemos visto, casi raya en derecho divino, y por cuyo motivo no pueda ser dispensada ni por el Obispo ni por el Cabildo nos dicen claramente que al Párroco, que tuviera cura de almas fuera de la ciudad episcopal, no podría nombrársele, ni válida, ni lícitamente para regentar este cargo en una Diócesis vacante. Pues por una parte, estaría obligado a fijar su residencia en la misma ciudad episcopal conforme a lo dispuesto en el canon 440 del Código, así como también a la aplicación de la misa por sus diocesanos; y por otra parte estas mismas obligaciones, y otras quizás más urgentes y graves, reclamarían su presencia en el lugar donde tuviere cura de almas.'' ''Nec potest capitulum (dice Pignatelli) a residentia illum dispensare, cum nec Episcopus ipse potestatem habeat hujusmodi dispensationis impertiendae:'' ''Super quo Episcopus non potest dispensare, ut declaravit Sacra Congregatio concilii in Ezinatensi; nec ipse (parchus) acceptando tale officium debet esse immor oneris sibi injuncti, cum detrimento suarum ovium, quas ipse pascere debet, non autem mercenariis ministris committere— Quod adeo verum est,ut ne ipse quiden Episcopus absque dispensatione Apostolica possit habere in sui servitium Parchum; nec item potest illum occupare in servitio eecclesiae catedralis, ut nempe sit vicarius, visitator, secretarius, fiscalis, et hujusmodi alia exerceat officia—Parochus ne resideat nulla excusat consuetudo; nec, secundum Sacram Congregationem hoc Concilii, excusat servitium Episcopi, aut cathedralis, aut officii sacrae inquisitionis, aut paucitas ovium. (ob. y lug. cit.) Juzgamos, pues, que por las razones aducidas hasta aquí, que el Párroco foráneo no puede ser nombrado ni válida ni lícitamente para desempeñar el oficio de Vicario Capitular en una Diócesis vacante; y a fortiori el Párroco que tuviera cura de almas fuera de la misma ciudad episcopal.

Ahora, con relación al Párroco que tuviera que ejercer el ministerio parroquial dentro de los límites de la misma ciudad episcopal, no cabe duda alguna, que podría se relegido válidamente; mas no podrá menos de ser ilícita esta elección en algunos casos, por las razones que luego señalaremos. Hay una resolución de la Sagrada Congregación de Obispo y Regulares sobre este particular. Interrogada esta Congregación acerca de si los Canónigos de cierta Diócesis podrían elegir como Vicario Capitular a un Canónigo, que ejercía la cura de almas en una Parroquia de la misma ciudad episcopal; respondió en sentido afirmativo, y declaró que cualquier Párroco urbano podría ser nombrado tanto para ejercer este cargo, como para ser Vicario General del Obispo, siempre que reuniera aquellas dotes necesarias de ciencias e idoneidad exigidas por los Sagrados Cánones, para desempeñar con provecho de las almas semejantes cargos eclesiásticos. (in Ariensi, 19, Martii 1610. Véase a Bouix. ob. cit. pag. 526-527.)

Ahora bien: uniéndonos a la opinión de Leurenio y del mismo Pignatelli, decimos, que ordinariamente ambos oficios, el del Párroco, y el del Vicario Capitular, son incompatibles para poder ser desempeñados provechosamente por una misma persona; por aquello de que nadie es capaz de desempeñar bien dos oficios al mismo tiempo. A la verdad son tantas y tan sagradas las obligaciones que pesan sobre un Párroco por razón de su ministerio parroquial, como son: la predicación de la divina palabra, la explicación de la doctrina cristiana a los niños, la administración de los sacramentos en general, la visita a los enfermos, la asistencia a los moribundos, la asistencia a las asambleas de las asociacione religiosas y cofradías de la Parroquia; cosas todas que demandan tiempo, y preparación en el Párroco, que sería de temerse que las descuidara. Así, pues, si el aludido Párroco se esmerase en cumplir diligentemente sus deberes como Vicario Capitular en la Diócesis vacante, ciertamente que dejaría mucho que desear como pastor de almas. Convenimos en que guardaría siempre residenia de los límites de la Parroquia; mas su presencia como Párroco no sería formal y moral, como lo quiere el Santo Concilio de Trento, ut pascat et regat, (ses. 23. cap. 1) sino que vendría a ser únicamente material, y de mucro detrimento y menoscabo espiritual a las almas que le estuvieren encomendadas como Párroco.

Viceversa: si se esmerase en cumplir diligentemente sus obligaciones como Párroco, descuidando aquellas otras que le incumben como Vicario Capitular y primera autoridad eclesiástica en la Diócesis vacante, no cabe duda, que la cosa sería peor; puesto que la perjudicada sería toda la Diócesis vacante. Con mucha razón, pues, afirma Leurenio que los oficios de Párroco y Vicario Capitular son incompatibles para que puedan ser regentados por una misma persona. "De caetero tamen generale est parochum et vicarium esse officia male compatibilia; ex eo quod ut quis bene exerceat alterum exdictis officiis, alteri necessario deese cogitur."—(De cap. sed. vac. cap. 4. quaest. 5581.) (Pignatelli 1. c., n. 6.)

Dijimos que ambos cargos eclesiásticos son ordinariamente incompatibles para poderse regentar por una misma persona, pues en aquellas regiones, donde por razón de las circunstancias de la localidad no tengan los Párrocos mucho que atender en la feligresía, o por la razón de la abundancia de Sacerdotes, pueden disponer de un número competente de Vicarios o asistentes para atender las diferentes funciones del ministerio parroquial, omo acontece en los Estados Unidos de Norte América, juzgamos que en tales circunstancias no hay inconveniente, que el Párroco sea nombrado para regentar el cargo de Vicario Capitular o Administrador de una Diócesis vacante

Concluyamos este párrafo deduciendo de las razones y argumentos aducidos hasta aquí, las siguientes reglas prácticas:

1ª No pueden ser elegidos válidamente para regentar este cargo eclesiástico todos aquellos que tuvieran cura de almas fuera de la ciudad episcopal.

2ª Válida será siempre la elección del Párroco urbano. Lícita será, cuando este nuevo cargo no le imposibilitase para cumplir con los deberes sagrados del ministerio parroquial, o cuando los pudiese cumplir sin detrimento espiritual de los feligreses, mediante hábiles e idóneos vicarios.

3ª Ilícita será cuando por atender a este cargo no pueda ni por sí ni por otros llenas las distintas funciones de su ministerio parroquial.

PARRAFO 5.

¿PODRA SER NOMBRADO VICARIO CAPITULAR EL ECLESIASTICO YA ELECTO, NOMBRADO, O PRESENTADO PARA EL MISMO OBISPADO?

El Papa Gregorio X ordena en la Decretal "Avacitiae," 5, de Electione in VI. que nadie bajo ningún pretexto presuma inmiscuirse o ingerirse, ni por sí ni por otro en la administración del beneficio, al cual ha sido destinado antes de ser confirmada la elección; y que los que tal cosa hicieren, perderían por el mismo hecho los derechos obtenidos por la elección. "Sancimus", dice este Pontífice, ut nullus de caetero administrationem dignitatis ad quem electus est, priusquam celebrata de ipso electio confirmetur: sub oeconomatus, vel procurationis nomine, aut alio de novo quaesito colore, in spiritualibus vel temporalibus, per se vel per alium, pro parte vel in totum gerere vel incipire, aut illis se immiscere praesumat. Omnes illos, qui secus fecerint, jure, si quod eis per electionem quaesitum fuerit, decernentes eo ipso privatos. (En el 2, Concilio de Lión, año de 1275.)

En la Decretal Injuctae, 1 de Electione de las Extravagantes communes, El Pontifice Bonifacio VIII, dice: Sancimus, ut episcopi et alii praelati superiores—quocumque nomine censeatur, qui apud dictam Sedem (Apostolicam) promoventur, aut confirmationis, consecrationis, minus recipient, aut commissas eis ecclesias—absque dictae Sedis litteris hujusmodi, eorum promotionem, confirmationem, consecrationem—continentibus, accedere, vel bonorum ecclesiasticorum administracionem accipere non pressumant: nullique eos absque dictorum litterarum ostensione recipiant, aut eis pareant, vel intendant. Quod si forsan contra praesumptum fuerit, quod per episcopos, praelatos—praedictos medio tempore actum fuerit, irritum habeatur:

Estas mismas disposiciones fueron renovadas y confirmadas por muchos Romanos Pontífices, como Julio II en la Constitución "Romani Pontificis", Alejandro V en la Constitución "Ex injuncto;" y Julio III en la Constitución "Sanctissimus." (Cfr. Giraldi, Expos. Jus. Pontif. p. 1ª sec. 47.)

No dudamos, ni por un momento, según enseñanzas que nos legaron los Romanos Pontífices de muchos siglos en los cánones ya insertados; que los electos, nombrados o presentados para algún Obispado, puedan, bajo ningún título, y sin incurrir en la indignación del Romano Pontífice, y en las penas que se establecen en el Derecho, inmiscuirse en el régimen temporal y espiritual de la Iglesia a que hubieren sido destinados providencialmente antes de confirmarse la elección y recibir la misión del Supremo Poder eclesiástico. Por consiguiente ni bajo el título de Vicario Capitular podrán inmiscuirse en la administración de lo espiritual y de lo temporal de la Diócesis vacante, aquellos que de antemano hubieren sido, por designios de la Divina Providencia, electos, nombrados o presentados para el mismo Obispado vacante.

El Santo Concilio del Trento, confirma implícitamente esta misma doctrina, cuando en su decreto sobre el Vicario Capitular, enseña que al nuevo Prelado incumbe el derecho del residenciar el Vicario Capitular, los ecónomos, y demás oficiales que durante la vacante rubieren tomado parte en el régimen administrativo de las Diócesis.

Esta disciplina que se establece nlos Sagrados Cánones, ha sido puesta en vigor en distintas ocasiones, y en circunstancias no poco difíciles por muchos Romanos Pontífices, insistiendo muy marcadamente en la necesidad de su observancia.

El Papa Clemente XI. en us letras en forma de Breve, que comienzan "In supremo" expedidas el 24 de Agosto de 1709, declara: que Francisco de Solís, Obispo de la Diócesis de Ilerda, hoy Lérida, (en España), presentado por Felipe, Rey de las Españas para el Obispado de Avila; quien en carácter de Vicario Capitular había osado con anuencia y beneplácito de la autoridad civil y eclesiástica inmiscuirse en los asuntos concernientes al régimen temporal y espiritual de aquella Diócesis: no tenía, ni tuvo nunca, jurisdicción o potestad alguna en cuanto a los asuntos que atañen a aquella Iglesia, antes de ser desligado por dispensa del vínculo, que le unía espiritualmente a la Iglesia de Avila. Por lo tanto: declaraba también nulo, todo lo que con tal carácter había hecho, mandado, decretado, ordenado y dispuesto; así como lo que más tarde se atreviere hacer, ordenar, mandar, disponer y decretar. Finalmente, ordenábale el Romano Pontífice que se abstuviese de ejecutar todas aquellas cosas que perteneciesen a la administración de aquella Diócesis, y que se obedeciese como legítimo Vicario Capitular, al que anteriormente había sido designado, y habíanle tenido después como intruso. "Episcopi in provisorem seu gobernatorem praefatae ecclesiae Abulensis; ac quorumque jurium ea facultatum in ipsum translationem concessionem, ei ab eisdem decano, capitulo et canonicis factas; aliaque omnia et singula—, electionis seu nominationis ac translatorum—jurium, et facultatum hujusmodi vigore seu praetexto—qualiter cumque acta, facta, gesta, mandata, decreta, ordinata. Vel disposita, ac forsan in futurum (quod Deus avertat) agenda, gerenda, facienda, mandanda, decernenda, et ordinanda;—penitus et omnino nulla, invalida, innania, irrita, temeraria, et a non habentibus potestatem damnabiliter attentata et de facto praesumpta, nulliusque roboris, momenti et efficaciae esse, et abinitio fuisse, ac perpetuo fore, tempore praesentium declaramus et decernimus, illaque damnamus et reprobamus." (Bouix, de Episco, tom. 1. pag. 250 y sig.) (Soglia institu. Juris publi. et privati Eccl. tom. 2. Prrf. 25.)

El Papa Pío VII en su Breve del 5 de Noviembre de 1810, dirigido al Cardenal Maury, quien por motivo de su promoción a la Arqui-diócesis de París hecha por autoridad incompetente, creyó que podía asumir bajo su responsabilidad el gobierno de aquella Arquidiócesis, como de hecho lo hizo; se queja paternalmente de la conducta observada por el Cardenal, y luego le exhorta por el amor que le profesa, que cuanto antes abandone la administración de aquella Iglesia. "Ast vero magis etiam magisque animo angimur, dice el Romano Pontífice, ex eo quod archiepiscopatus administratione a capitulo emendicata, ad alterius ecclesiae regimen auctoritate propia, inconsultis nobis, temetipsum transtulisti, neque imitatus es praeclarum exemplum Cardinalis Josephi Fesch, Arcriepiscopi Lugdunensis, qui habita ad eumdum Parisiensem archiepiscopatum nominatione, adeo laudabiliter, duxit a spirituali ecclesiae administratione, vel ipso suffragante capitulo sibi omnino abstinendum fuisse. *Mittimus enim inauditum a saeculo esse* ut ad *episcopatum nominatus* ante canonicam institutionem per vota capituli ad ecclesiae advocetur—Praeterquam quod a spirituali vinculo quo ecclesiae Montisfalisci devinctus es, quisnam te dissolvit? Aut quisnam tecum dispensavit ut a capitulo eligi posses et alterius ecclesiae administrationem suscipere?—Eram itaque administrationem ut statim dimittas, non imperamus modo, verum etiam praecamur et obtestamur paterna urgente charitate que te prosequimur, nec inviti ac dolentes, ex statuto sanctorum canonum procedere cogamur.—" (Bouix ob. cit., pag. 253 y sig.)

El mismo Papa Pio VII insiste sobre la fiel observancia de la misma disciplina en su Breve que dirigió desde Saboya el 2 de Diciembre de 1810 a Aberardo Corboli Arcediano y Vicario Capitular de la Arquidiócesis de Florencia. "Est igitur praememoratus venerabilis frater Episcopus Naceiensis, juxta canonicas ac Pontificias sanctiones et vigentem Ecclesiae disciplinam, contra quam nulla dari legitima potest, missio, prorsus inhabilis hoc ipso quod nominatus fuerit Archiepiscopus Florentinus, qui in vicarium aut officialem capitularem istius metropolitanae ecclesiae constituatur."

El Inmortal Pío IX decreta y urge la observancia de la misma disciplina en la Constitución "Romanus Pontifex" del 28 de Agosto de 1873. Finalmente, en el nuevo Código del Derecho Canónico se declara que no puede ser designado válidamente como Vicario Capitular el clérigo electo, nombrado o presentado para la misma Sede vacante: "Ad Vicarii Capitularis minus deputari valide nequit clericus... aut ad eamdem vacantem sedem fuerit electus, nominatus vel praesentatus." Prrf. 1. del Canon 434.

No nos cabe, pues, la menor duda que la elección del Vicario Capitular recaída en algún clérigo electo, presentado o nombrado Obispo para la misma Diócesis es del todo ilícita, e inválida.

Ahora, si el Vicario Capitular de una Diócesis vacante resulta electo Obispo de la misma Iglesia, puede seguir gobernando la Diócesis en caracter de tal, sin que por esto, tenga la obligación de dimitir el cargo de Vicario, como opinaban Hermes y otros canonistas (Ob. cit. pag. 133.) Esta disciplina que establece el nuevo Código ya el P. Wernz la había sostenido en **su obra "Jus Decretalium,"** (tom. 2, part. 2ª, pág. 145.) "In regimen tamen diocesis neque per se, neque per alios, nec ullo sub titulo sese ingerere possunt, nisi prius eiusdem diocesis possessionem canonics ceperint; sed si ante suam ad episcopatum designationem vicarii capitulares, officiales, occonomi fuerint remuntiati, haec officia etiam post designationem retinere et exerce possunt." (Parrf. 2 del Canon 334 "De episcopis".)

CAPITULO 5.

DE LA DEVOLUCION DEL NOMBRAMIENTO DEL VICARIO CAPITULAR.

PARRAFO 1º

DE LA NOCION Y RESUMEN HISTORICO DE LA DISCIPLINA DE LA DEVOLUCION.

Entiéndese por devolución en Derecho Canónico, según el P. Wernz, la traslación del derecho de conferir algún oficio o beneficio eclesiástico en el inmediato Superior eclesiástico, hecha ab ipso iure, por culpa o por negligencia en la provisión, habida en el Colador competente, en el Colegio de electores o en el respectivo Patrono (ob. cit. tom. 2. part. 2ª, pag. 100.)

Los motivos que dan lugar a la devolución del derecho de conferir un oficio, o beneficio eclesiástico son: el lapso del tiempo hábil para la provisión; la nulidad de la designación hecha en una persona indigna para regentar el oficio; y finalmente, por omisión, de la forma substancial de provisión marcada por los Sagrados Cánones. (Passerini, De elect. can. cap. 31 n. 17; cap. 18 de elect. in 6; Reg. 1 Can. Apost.)

La disciplina de la devolución no es una cosa nueva en la legislación canónica. Su historia encuéntrase regada casi por todo el cuerpo de nuestro Derecho. En el fondo del Derecho Canónico encuéntrase apoyada por los cánones de numerosos Concilios. Implica en sí la idea de que la potestad de constituir los Magistrados eclesiásticos, y la de conferir los oficios y beneficios eclesiásticos reside primariamente en el Supremo Poder eclesiástico, en el Romano Pontífice, Vicario de Cristo sobre la tierra, Cabeza visible de la Iglesia, y Pastor Universal de las almas, y que los demás Coladores obran por participación de la potestad de este Supremo Jerarca; ya sea por razón del oficio y dignidad a que han sido elevados, como son los Obispos, legítimos sucesores de los Apóstoles, puestos por el mismo Espíritu Santo para regir la Iglesia de Cristo sobre la tierra, ya sea también por algún privilegio, o indulto especial, como son todos los demás Coladores, o Institutores inferiores.

La Iglesia usó de la disciplina de la devolución, sobre todo en la época en que estuvo muy en boga el uso del Derecho de patronato, como un medio adecuado, para evitar las prolongadas vacantes en los oficios y beneficios eclesiásticos que redundaban en perjuicio de las almas.

Con la disciplina de la devolución no se introduce cambio o innovación alguna en la legislación de la Iglesia; su origen, como decíamos, se remonta a muchos siglos atrás. Pues ya desde principios de la segunda mitad del siglo 5º hallábanse vestigios muy claros de esta disciplina en la Iglesia, como aparece en el Canon 26, del Concilio de Calcedonia celebrado en el año de 451.

El Niceno IIº (a. 787) ordena en el Canon II que el Metropolitano designe un Ecónomo para bienes temporales cuando el Obispo faltase al cumplimiento de este deber; y si el Metropolitano fuere negligente sobre la misma materia, que se devuelva el nombramiento al Patriarca de Constantinopla. Como más tarde los Sagrados Cánones viniesen a fijar, sobre todo durante el siglo 12 un espacio de tiempo hábil para la legítima y canónica provisión de los oficios vacantes, a la par con esta determinación surgió una nueva cuestión de Derecho, que motivó que se sentara más claramente la disciplina de la devolución. Hubo, pues, la necesidad de decidir a quien debía devolverse el derecho de proveer el oficio vacante, cuando por negligencia habida por parte del proveedor se dejara transcurrir el tiempo hábil para la provisión. La respuesta que fué dada sobre esta cuestión por los Doctores de aquella época, adoptóse y canonizóse en el Derecho de las Decretales. Y desde esta época data la existencia de una doctrina completa y perfecta de la disciplina de la devolución. (Cfr. C. 2. Conc. Later. III. a. 1179, cap 2 de conc. praeb. III. 8.)

Posterior a la colección auténtica del Papa Gregorio IX (a. 1234) aparece en el siglo 16 el celebérrimo decreto del Concilio Tridentino urgiendo la necesidad de constituir Vicarios Capitulares en las Diócesis vacantes; (ses. 24 cap. 16) en cuyo decreto se echa mano a la disciplina de la devolución como un arma para hacer efectiva la nueva ley. Después del Concilio Tridentino no aparece ley alguna universal sobre esta materia disciplinar. Mas tenemos como fuentes de derecho particular sobre el mismo asunto las Convenciones habidas entre los Romanos Pontífices y la Suprema Autoridad civil de algunas Naciones. Como el Concordato del Papa León XII con la República del Ecuador; (a. 1881) en cuyo Concordato se lee: "Quod nisi praeses reipublicae intra anum a vacantione sedis episcopalis clericum a S. Sede instituendum praesentare debet, electio S. Sedi devolvetur." p. 7. art. 12 (véase a Nussi, Conventiones pag. 29.46.)

Ahora con relación a la vía devolutiva, digámoslo así, o sea el orden de instancias que debe guardarse en la aplicación de esta disciplina, hállase determinada por los mismos Cánones. La devolución tiene lugar siempre de un Inferior a un Superior inmediato; mas nunca de un Igual a otro Igual; o de un Superior a un Inferior.

La vía ordinaria de instancias que se observa actualmente en la aplicación de esta disciplina es que el derecho se devuelva del Diocesano al Metropolitano, y de éste al Romano Pontífice, toda vez que aquella jurisdicción de los Patriarcas y Primaros que mediaba entre la del Papa y la del Metropolitano ha desaparecido. En algunas ocasiones el derecho devolutivo tiene lugar entre el Cabildo Catedral y el Metropolitano, como ocurre cuando por negligencia de los Canónigos de una sufragánea vacante omiten el *nombramiento* del Vicario Capitular, que el Santo Concilio de Trento ordena que sea hecho por el Cabildo en semejantes casos. Presentada a grandes rasgos la evolución histórica que ha tenido la disciplina canónica de la devolución, concretémonos ahora a seguir tratando sobre el último caso de derecho devolutivo, que hemos mencionado, por ser el que concierne más a nuestro asunto.

PARRAFO 2.

DE LA DEVOLUCION POR NEGLIGENCIA DEL CABILDO

Queriendo el Concilio Tridentino que su decreto sobre la obligación estricta que impuso a los Cabildos eclesiásticos de nombrar un Vicario Capitular en todos y cada uno de los casos de sede vacante, no fuera letra muerta; antes por el contrario surtiese aquellos saludables efectos que se propuso conseguir; lo sancionó, ordenando al mismo tiempo, que cuando el Cabildo por negligencia omitiese verificar la elección dentro el espacio del tiempo hábil que se determina en el mismo decreto, o si verificada, adoleciera del vicio de nulidad por no haberse llenado los requisitos que se exigen en el mismo Sínodo; ipso facto se devolviera el nombramiento al Metropolitano, si la vacante fuera una Diócesis sufragánea; al Obispo sufragáneo más antiguo, tratándose de la Metrópoli; y finalmente, al Prelado más cercano, si la vacante fuera una Iglesia exenta. Es tan claro el decreto, que no necesita de comentario alguno. Sin embargo, no nos abstenemos de consignar aquí la clara y concisa exposición que sobre el mismo decreto hace el Papa Benedicto XIV: "Tenetur capitulum, dice este insigne Pontífice, infra octo dies post mortem episcopi, aut aliter inductam ecclesiae vacationem, seu verius ab habita vacationis noticia vicarium constituere, per quem jurisdictionem ad se devolutam exerceat. Quod si in Vicario intra octo dies eligendo negligens fuerit, tunc si agatur de ecclesia suffraganea ad metropolitanum, si de ipsa ecclesia metropolitana, ad antiquiorem episcopum electionem vicarii pertinere, voluit Tridentinum." (De syn. dioec. lib. 2, cap. 9, n. 2.)

Esta misma disciplina se retiene en el nuevo Código del Derecho Canónico, con una ligera diferencia, que afecta al orden de instancias que debe guardarse en algunos casos cuando tenga que devolverse el nombramiento. En efecto, según la disciplina antigua el nombramiento se devolvía del Cabildo de la Diócesis vacante al Metropolitano o al Cabildo Metropolitano, si a la vez estaba vacante la Metrópoli. Así lo enseña el mismo Papa Benedito XIV cuando dice: "Si tamen contingat vacare ecclesiam suffraganeam carentem capitulo, tempore quo etiam metropolitana est suo pastore viduata, in hoc casu electionem vicarii non spectare ad antiquiorem ex suffraganeis, ut nonulli opinabantur, sed ad capitulum vacantis ecclesiae metropolitanae, censuit S. Congregatio Concilii; a qua cum quaesitum fuisset: Primo an vacante ecclesia suffraganea capitulo carente. illius administratio et vicarii, sede vacante, deputatio spectet ad metropolitanum? Et quatemus metropolitana ecclesia pastore careat.—Secundo, an spectet ad capitulum ejusdem ecclesiae metropolitanae, vel potius ad antiquiorem suffraganeum Episcopum? Eadem (die 28 augusti 1683 libro XXXIII Decret . pag. 261) ad primum respondit affirmative, ad secundum, *spectare ad capitulum metropolitanae.* Idemque responsum dedit die 14 aprilis 1685 lib. XXXV Decret. pag. 190." (L. y. pag. cit.)

Mas según la nueva disciplina ordenada en el nuevo Código, que cuando por negligencia de algún Cabildo sufragáneo se omitiese la elección el Vicario Capitular dentro de los ocho días hábiles, que señalan el Derecho, se devuelve el nombramiento al Metropolitano. Pero si a la vez la Metrópoli estuviere vacante, en tal caso el nombramiento se devolverá al más antiguo de los sufragáneos; mas no al Cabildo metropolitano, como se acostumbraba en la disciplina antigua. "Si capitulum intra praescriptum tempus Vicarium aut occonomum, quavis de cuasa nullum deputaverit, deputatio ad Metropolitanum devolvitur; *si autem ecclesia ipsa metropolitana fuerit vacans vel metropolitana simul et suffraganea ad antiquiorem ex* Episcopis suffraganeis." (parrf. 2, del canon 432.)

Veamos ahora como debe aplicarse la disciplina de la devolución en caso de omisión de elección por negligencia del Cabildo. Ciertísimo es que el Metropolitano, o el Sufragáneo respectivo puede en este caso proceder *statim* a nombrar el Vicario Capitular, usando de la jurisdicción devuelta por razón de la negligencia del Cabildo; pues ésta es la doctrina general de los canonistas.

Ahora conviene que advirtamos también que no faltan algunos doctores, como García, (1) Barbosa, (2) y Murillo (3) que opinan, que cuando el Metropolitano, o el Obispo sufragáneo no usan de la jurisdicción devuelta, el Cabildo de la vacante puede corregir la negligencia, y proceder a proveer el oficio.

Ahora, como según el Decreto del Tridentino, y parrf. 2 del Canon 432 del nuevo Código, una vez transcurrido el espacio de tiempo hábil para la elección, ya aquella potestad de proveer que poseía el Cabildo Catedral, se devuelve ipso facto al Metropolitano; juzgamos que sería nulo el nombramiento que hicieran los Canónigos, una vez devuelta al Metropolitano o al Sufragáneo respectivo la facultad de proveer el oficio.

Y si el Metropolitano ignorando el proceder del Cabildo, procediese a nombrar Vicario Capitular en virtud de la jurisdicción devuelta; no cabe duda que había que estar por la provisión que hiciera el Prelado, no obstante que el Cabildo, mudado de parecer, haya querido enmendar su falta.

Pero si el Metropolitano, o Sufragáneo respectivo se abstuviere del uso del derecho devuelto, la elección que hiciera el Cabildo, interviniendo su tolerancia o tácito consentimiento, sería válida, no obstante haber caducado el plazo. La validez, pues, de la elección en semejantes casos dependería más bien del consentimiento del Superior, quien puede reconocer la elección hecha por el Cabildo, renunciando tácitamente a su derecho.

PARRAFO 3.

1. DE LA DEVOLUCION DEL NOMBRAMIENTO DEL VICARIO CAPITULAR POR INVALIDEZ DE ELECCION.—2. DE LA APELACION AL TRIBUNAL SUPERIOR POR INVALIEZ DE ELECCION.

1. En la disciplina antigua una de las principales causas que viciaba la elección del Vicario Capitular, y que daba también lugar a derecho devolutivo, era la infracción de una parte del decreto del Tridentino, que exigía, que el nombramiento recayera en algún eclesiástico que fuera doctor o licenciado en Derecho Canónico, o al menos idóneo: "qui saltem in jure canonico sit doctor, vel licentiatus, vel alias quantum fieri poterit idoneus. Si secus fuerit ad metropolitanum deputatio hujusmodi devolvatur. Et si ecclesia ipsa metropolitana fuerit—. tunc antiquior episcopus ex suffraganeis—vicarium constituere. (Sess. 24, cap. 16.)

(1) De Benef. p. v. c. 7. n. 7.
(2) De off. et potest. episcopi. P. III. Alleg. 54 n. 164.
(3) Lib. 1 Decretal. tit. 29. n. 300.

Ahora, en cuanto al procedimiento que debía observarse en semejantes casos no estaban conformes los Doctores. Algunos, como Pignatelli, (1) enseñaban que el Superior no debía proceder a proveer inmediatamente el oficio; antes bien, debía amonestar al Cabildo, notificándole que fué la elección, y fijarle al mismo tiempo un plazo para verificar una nueva elección conforme a Derecho. A este propósito aduce el mencionado autor una resolución de la Sgda. Congregación del Concilio, concebida en estos términos: "Archiepiscopum constituere debet capitulo octo dierum spatium ad eligendum vicarium doctorem casu quo eligisset non doctorem; et non electo omnis potestas ad archiepiscopum tranfertur." (In Mazariensi 19 Decem. 1569.)

Mas otros, como Monaceli, Barbosa, y aun el mismo Cardenal de Luca enseñaban una doctrina contraria, afirmando que aun en este caso podía el Superior usar statim de la potestad devuelta, y proceder desde luego a la provisión del cargo, sin tener que conceder al Cabildo más tiempo para enmendar su falta. Insertamos aquí lo que a este propósito decía el ya citado Monaceli que es como sigue: Relicto Pignatello, adhaereas Quarant In Summa Bullar verb. Archiepiscopi auctoritas, nm. 36; Barbosa, supra Concil. sess. XXIV cap. 16 n. 28 de reform et de jur eccles. l. 1 C. 7. n. 102. Cardenal de Luca, de canonico discurs. 24 firmantes Concil. Trid. illis verbis: Si secus factus fuerit at metropolitanum deputatio ejusmodi devolvatur, utrumque casum pariformiter comprhendere ad effectum devolutionis; quod scilicet sive capitulum negligat, suam facultatem exercere intra octo dies, sive male exerceat inhabilem eligendo, pro illa vice privetur tali facultate, quae devolvatur ad metropolitanum, vel viciniorem juxta dispositionem Concilii. (Form. legal. practic. P. 1. tit. I, form. 2, annot. 5.)

Mas el clarísimo Bouix seguía la opinión de los primeros, y en verdad, parece que era l amás razonable. Por lo que toca a nosotros, no hemos de insistir mucho sobre una cuestión, que pasó ya a la historia y que queda suprimida en el nuevo Código.

Ahora, en la disciplina nueva se introducen tres nuevos casos de derecho evolutivo sobre la elección del Vicario Capitular. Casos que tendrán lugar, cuando el Cabildo Catedral quebrante el párrafo 1º del Canon 434, que prohibe la elección de algún Clérigo, que no sea Presbítero o que no tenga todavía la edad de treinta años cumplidos o que haya sido electo, nombrado o presentado para la misma sede vacante. La disposición penal encuéntrase en el párrafo 3º del mismo canon, y es como sigue: "Si praescriptae lae. conditiones posthabitae fuerint, Metropolita, aut si ecclesiae metropolitana vacans fuerit, vel de ipso

(1) Consult. can. tom. 8, consult. 34 n. 8.

capitulo metropolitano agatur, antiquior provincial Episcopus, agnita rei veritate, Vicarium pro ea vice deputet; actus autem illius qui a capitulo electus fuerat, ipso iure sunt nulli."

Ahora bien: esta disposición penal, del nuevo Código, que ordena en semejantes casos la devolución del nombramiento del Vicario Capitular al Metropolitano, o al Sufragáneo más antiguo; si se trata de la Metrópoli. ¿Será del todo privativa, de modo que no permita al Cabildo enmendar su falta, mediante una nueva elección conforme a derecho? Nos inclinamos a creer que ha de ser del todo privativa como puede inferirse del mismo canon: "Metropolita—antiquor provinciae Episcopus agnita rei veritate, *vicarium* pro ea vice deputet."

2. Cuando la elección del Vicario Capitular fuese nula ex alio capite, o sea por otros vicios, fuera de los enumerados y penados taxativamente en el mismo Código, no procederá la disciplina de la devolución; sino que la causa de la nulidad de elección deberá proponerse en primera instancia al Tribunal del Metropolitano; o al Ordinario designado con aprobación de la Santa Sede por el Metropolitano para ser juez de apelaciones, (parrf. 2º del Canon 1594) si se trata de la misma Metrópoli; y en última instancia a la Sgda. Congregación Consistorial. (1)

Con lo dicho hasta aquí, damos por terminado el tratado de la elección del Vicario Capitular y en el capítulo siguiente, trataremos, Dios mediante, acerca de su jurisdicción.

SECCION II.

DE LA JURISDICCION DEL VICARIO CAPITULAR.

CAPITULO 6.

DE SU ORIGEN, NATURALEZA Y EXTENSION EN GENERAL.

Ciertamente que en aquellas Diócesis en donde están erigidos canónicamente los Cabildos Catedrales, la jurisdicción ordinaria de la Diócesis se trasmite al Cabildo al vacar la sede episcopal por uno cualquiera de los motivos que ya conocemos. Esta disciplina que se halla principalmente en las Decretales de Gregorio IX (Cum olim XIV de ajorit. et. Obed.) y de Bonifacio VII. (De Majorit. et obed. Si episc. de Suppl. Neglig. in VI.) se retiene en la nueva codificación del Derecho canónico en el canon 431. prrf. I. La jurisdicción, pues, que se trasmite al Cabildo Catedral de alguna Diócesis, al vacar la sede episcopal, es aquella misma jurisdicción ordinaria que por derecho común tienen y gozan los Obispos residenciales, a fin de poder gobernar convenientemente sus Diócesis, tanto en lo espiritual, como en lo temporal. (Can. 435. parrfs. I. II.)

---

(1) Cfr. Capello. (De Curia Romana, tom. 1, pag. 117.)

En la doctrina y disciplina que acabamos de sentar, se fundaban los canonistas para formular ciertas reglas que venían a constituir una especie de principios generales, que daban a conocer hasta qué punto podía extenderse la potestad del Cabildo durante la sede vacante y más tarde la del Vicario Capitular, después del decreto del Concilio Tridentino.

Conozcamos estas reglas que nos serán de gran utilidad:

Regla I.—Omnia, quae ex jure communi sunt in potestate ordinaria episcopi, transeunt, sede vacante in capitulum, exceptis iis quae in jure sunt expresse prohibita, sive speciatim, sive propter principia generalia. (1)

etc. parraf. 2. n. 25. y sig.; Schmalzgru. J. U. tom. III. part. 1. tit. 9. y sig.; García, De Beneficio, p V. c. 7. n. I. y sig.

Regla 2ª.—Ea, quae episcopo competunt ex speciali privilegio, vel tantum ut Sedis Apostolicae delegato, non transeunt in capitulum sede vacante, si privilegium vel delegatio concessa est personae vel dignitati episcopi. Privilegia vero et delegationes, quae Sacros canones, vel S. Concilium Tridentinum vel Apostolicas constitutiones modo permanenti ipsi sedi et officio affixa, et non intuitu dignitatis sed munere episcopalis concessa sunt, cum ipso officio episcopali, sede vacante transeunt in capitulum.

Regla 3ª.—Ea, quae episcopo competunt ex consuetudine, non ejus personae, sed ejus muneri, seu sedi aliquid tribuente, sede vacante devolvitur ad capitulum. (2)

Regla 4ª.—Ea, quae sunt ordinis episcopalis, non transeunt sede vacante in capitulum exercenda per ipsum capitulum. Sed devolvitur ad capitulum potestas ea exercendi per alium, seu commitendi illorum exercitium alteri, qui characteri episcopali insignitus est, in quantum hace potestas non est limitata per leges speciales. (3)

Ahora bien: en épocas anteriores al Concilio Tridentino la jurisdicción ordinaria que se trasmitía a los Cabildos eclesiásticos en los casos de sede vacante, la podían ejercer durante todo el tiempo de la vacante, ya colectivamente, ya mediante vicarios: empero los P. P. del Concilio Tridentino (ses. 24. cap. 16. De reform.) por razones muy especiales, según dijimos anteriormente, sujetaron esta disciplina de las Decretales a una nueva modificación, ordenando que la jurisdicción ordinaria trasmitida al Cabildo Catedral, al vacar la Diócesis, no se la adjudicase durante todo el período de la vacante; antes bien, que dentro de los ocho días inmediatos a la vacante se procediese a la designación de un Oficial o Vicario, quien ipso facto,

(1) Reiffenstuel, Jus. can. Uni. tom. III. tit. Ne sed vac. aliquid.

(2) Abbas Panormitanus, in cap. Cum. Olim. de ajor, et Obed.; Pirhing, Jus. canonic. ad tit. de Majorit. et Obed. Lauren. Ob. cit. 9. 460.

(3) Lauren. Ob. cit. 9. 466.; Reiffenst. 1. c. parraf. III. n. 72.

después de su válida elección, asumiría la jurisdicción ordinaria de la Diócesis. Retiénese la misma disciplina en el nuevo Código. (can. 432. parrfs. I. II.)

La potestad, pues, del Cabildo al vacar la sede episcopal y la del Vicario Capitular que nombrare, deberá ser ordinaria como la del Obispo, como que en el Código aparece con el nombre de Ordinario. (can. 198.) Se extenderá tanto al fuero interno, como al fuero externo. En virtud de la cual, será potestativo en él, la facultad de legislar y de dispensar; de inspeccionar y juzgar; de castigar y absolver; en una palabra, de ejecutar todas aquellas cosas que son de la competencia de los Ordinarios y que miran al régimen administrativo de la Diócesis vacante, salvo siempre las excepciones establecidas por el derecho común. En virtud del poder legislativo, (can. 335 parrf. I.) que goza, podrá expedir leyes y decretos que obliguen a toda la Diócesis vacante, siempre que no sean contra el derecho común, o redunden en perjuicio de los derechos episcopales o menoscabo de los bienes de la Iglesia. Las leyes y decretos expedidos durante la vacante, permanecerán en vigor, mientras él mismo, o el Obispo sucesor no los revocare. Tendrá también la facultad de dispensar en todos los casos que el Diocesano puede disponer por jurisdicción ordinaria. Podrá, pues, dispensar de todas las irregularidades que provienen ex delicto occulto, como puede el Obispo, (excepto las que provinieren de homicidio voluntario y de las delatadas en fuero contencioso (1) de los intersticios para la recepción de Ordenes sagrados; (2) de las tres canónicas amonestaciones que proceden a la celebración de los matrimonios. (3)

Asi mismo podrá también, en virtud de la facultad que el canon 1043 concede a los Ordinarios del lugar, dispensar in urgente periculo mortis, a sus súbditos ubique commorantes, y a los que en el acto vivieren dentro del propio territorio, para contraer matrimonio, con el fin de tranquilizar la conciencia y legitimar la prole: ya sea de la obligación de guardar la forma de la celebración del matrimonio, ya también de todos y cada uno de los impedimentos de derecho eclesiástico, ora públicos, ora ocultos y aun acumulados, excepto el Sagrado Presbiteriado, la afinidad en línea recta que proviene del matrimonio consumado; remoto escándalo, et si dispensatio concedatur super cultus disparitate aut mixta religione, praestitis consuetis causionibus. Igualmente podrá dispensar de todos los impedimentos ya enumerados, cuando después de preparado todo para la celebración de las nupcias, se descubriese algún impedimento y que no pueda diferirse el acto, ni recurrirse a la Santa Sede,

---

(1) Conc. Trident. Cap. VI. sess. 24. can. 909 I.
(2) Conc. Trident. cap. XIII. sess. 23. can. 978. II.
(3) Conc. Trident. cap. XIII. sess. 24. de reform. can. 1028. I.

sin peligro probable de algún daño grave. (Canon 1045 parraf. I.)

Esta misma facultad vale también para revalidación de matrimonios ya contraídos, siempre que haya el mismo peligro en demora y no se tenga tiempo para recurrir a la Santa Sede. (Parraf. II. del mismo canon.)

En cuanto a las demás leyes generales de la Iglesia podrá dispensarlas, si simplícita o explícitamente se encuentra concedida esta facultad a los Ordinarios, como de hecho existe esta concesión, v. gr., según el can. 1245 parrafs I. II. puede dispensar a sus súbditos y a los peregrinos, que en el acto vivieren dentro del territorio de la observancia de los días festivos, de la obligación de los ayunos y de las abstinencias en casos singulares, con justa causa y alguna vez podrá dispensar a toda la Diócesis de las obligaciones del ayuno y abstinencia, ex causa peculiari magni populi concursus aut publicae valentudinis. En una palabra, como Ordinario, podrá dispensar de las leyes generales de la Iglesia, si dificilis sit recursus ad Sanctum Sedem, et simul in mora sit periculum gravis damni, et de dispensatione agatur quae a Sede Apostolica concedi solet. (can. 81.)

Con respecto a las leyes particulares; podrá dispensar sobre la obligación de las leyes de sus predecesores y de las propias. En cuanto a las del Concilio Provincial y plenario, solamente tendrá facultad para dispensar in casibus particularibus et justa de causa. (can. 82. et 291.)

Mas no tendrá facultad para dispensar de las leyes dadas especialmente por el Romano Pontífice para aquel territorio, a no ser en los casos en que puede dispensar también de las leyes generales. (can. 82.)

En cuanto a las facultades extraordinarias que suele la Santa Sede conceder a los Ordinarios para un fácil y provechoso régimen de la Diócesis, antiguamente se discutía, de si pasaban, o no al Vicario Capitular, y la opinión de los canonistas no era unánime. Hablemos primero sobre las facultades remisas. Según decretos posteriores podrá ejecutar todas aquellas dispensas y rescriptos remisos por el Obispo o su Vicario General, comenzada o no su ejecución. Viceversa: provista la sede, el Obispo y su Vicario General podrán también ejecutar todas las dispensas y demás facultades remisas por el Vicario Capitular y que le fueron otorgadas por el Romano Pontífice como Ordinario del lugar. (S. Cong. S. Officii 20. Feb. 1888; Nov. 24 1897.)

En cuanto a las facultades habituales que in perpetuum vel ad tempus aut certum numerum casuum Ordinariis vel allis concedi solent, se consideran por el Nuevo Código como privilegios praeter ius. (can. 66. parrf. 2º) y no se suspenden, ni se extinguen con la muerte, o cesación del oficio en el concesario, sino que se trasmiten a sus sucesores ordinarios, (can. 66. parrf.

2.) excepto las concedidas al Diocesano ex industria personae. En dichas facultades van incluídas también la potestad de absolver de todas las penas eclesiásticas que obsten a la ejecución de las dispensas; mas solamente podrán ser absueltas para los efectos de aquella dispensa. (can. 66 parrf. 3.) (S. Off. 20 Feb. 1888; 24 Nov. 1897; 22 Jun. 1898.)

Residirán también en el Vicario Capitular como Ordinario del lugar además del poder legislativo, el poder judicial (can. 1572. parrf. I.) y el ejecutivo. (can. 1920. parrf. I.) Podrá, pues, juzgar todas las causas, aun de las criminales y matrimoniales; dictar y ejecutar sentencias; suspender, excomulgar y poner entredichos, (can. 2220. parrf. I.) privar los clérigos deshonestos de sus beneficios (can. 2176-2181. y can 2359.); remover los Párrocos administrativamente, tanto amovibles como inamovibles (can. 2157-2161; can 2147-2156.); suspender ex informata conscientia (can 2186. parrf. I.); en una palabra, puede hacer todo lo que tiende a la corrección y a mantener en su vigor la disciplina eclesiástica entre el clero, así en lo que se refiera ad vitam et honestatem clericorum (can. 124-144.), como en lo que se relacione a la administración de los sacramentos en general, a la celebración del culto divino, a la predicación de la divina palabra y al cumplimiento de las voluntades y legados píos. (can. 336. parrf. II.)

Nótese sin embargo, que la potestad judicial debe ser ejercida por un oficial distinto, (el Provisor) según lo que seprovee en el canon 1573. parraf. V. Mas esto no quiere decir que el Vicario Capitular no pueda ejercer por sí la potestad judicial, sobre todo en aquellas Diócesis, donde no haya Provisor nombrado.

Adviértase también, que hay ciertas causas que aparecen reservadas un Tribunal compuesto de tres jueces y otras a un Tribunal colegiado de cinco jueces (can. 1576 parrfs. I. II.); de las que por sí solo no podrá juzgar; pero juzgamos que podrá ser uno de los componentes del Tribunal en tales casos. Así como el Vicario Capitular puede infligir penas, e imponer castigos, (can. 2220.) así puede también absolver de los pecados y censuras, tanto a iure, como ab homine en los casos que puede el Ordinario. Podrá, pues, en casos públicos, absolver de las censuras y remitir las penas latae sententiae establecidas por derecho común (can. 2237. parrf. I.) salvo las excepciones que se establecen en los números 1, 2 y 3 del mismo canon, y en casos ocultos podrá también por sí, o por otro absolver de las mismas censuras y remitir las mismas penas, excepto las censuras reservadas *specialissimo* vel speciali modo al Romano Pontifice Tendrá también la facultad de aprobar los confesores, tanto los sacerdotes seculares, como los regulares, así como el retirarles las facultades por falta de idoneidad, (can. 874-880.) pero no podrá privar de la facultad de oir confesiones a toda una comunidad religiosa, sin permiso del Romano Pontífice; (can. 893. parrf. I.) tampoco podrá retirar las facultades de los Regulares exentos aprobados, cum praevio examine, simpliciter et absque ulla temporis praefinitione, por un privilegio especial de los regulares exemptos. (Clementis X. Const. Superna 21 Julio 1670.)

En cuanto a la potestad inherente al carácter episcopal, es evidente que no se trasmite al Vicario Capitular; pero en virtud de su jurisdicción ordinaria, le corresponde el derecho de permitir a los Obispos en comunión con la Santa Sede, el oficiar y conferir Ordenes sagrados dentro de los límites de la Diócesis que administra, (can. 435. parrf. II.) salvo siempre las excepciones establecidas por el mismo derecho. (Cfr. Cap. Cum nullus tempor. ordin. in VI; can. 958. n. 3. parrf. II.)

Y si el Vicario Capitular fuere algún Obispo podrá oficiar de pontifical, y ejercer todas las demás funciones episcopales; pero sin usar del trono y dosel del Prelado diocesano. (can y parrf. citados.)

Basta por lo que mira a la potestad del Vicario Capitular en general, vengamos ahora a tratar sobre ls restricciones de esta potestad.

CAPITULO 7.

DE LA RESTRICCION DE LA POTESTAD, TITULO HONORIFICO, DERECHOS, PRIVILEGIOS, OBLIGACIONES, CESACION DE LA POTESTAD, E INFORME QUE DEBE RENDIR EL VICARIO CAPITULAR.

PARRAFO 1.

DE LA RESTRICCION DE LA POTESTAD DEL VICARIO CAPITULAR.

Preciso es que notemos ahora los límites que el derecho señala a la jurisdicción del Cabildo Catedral y por una consecuencia legítima, a la del Vicario Capitular, que legítimamente designare. Advertimos que no nos proponemos a tratar extensamente sobre el asunto, antes bien, de una manera breve. concretándonos a tratar de la restricción, que sufre esta jurisdicción con relación a los objetos más principales, a saber: en cuanto lo que mira a la colación de los beneficios y privación de ciertos oficios eclesiásticos; a la otorgación de dimisorias para la recepción de Ordenes sagrados; a la visita pastoral de la Diócesis; a la convocación y celebración del Sínodo diocesano; a la incardinación y excardinación de los clérigos; a la enajenación de los bienes eclesiásticos; y finalment, en cuanto algunas cosas prohibidas.

1º Envirtud del decreto "Ne sede vacante aliquid innovetur" del Papa Honorario III., quedaron reservados al Obispo sucesor, todos aquellos beneficios, que corresponden a la libre colación del Obispo, que vacaren durante el tiempo de la vacante en alguna Diócesis. (1)

Más tarde, San Pío V. en la constitución "Sanctionis" del 9 de arzo de 1568, se reservó para sí esta clase de beneficios que vacaren, estando vacante la sede episcopal. Obsérvese sin embargo, que esta reservación fué considerada por los canonistas, como una cosa meramente personal, según se dejaba entender claramente de las mismas palabras de aquel Pontífice. (2)

Transcurrido algún tiempo después, el Papa Sixto V. reservó a la Santa Sede en la segunda regla de la Canceleria Apostólica, todos aquellos beneficios que corresponde a la libre colación del Obispo, que vacare en cualquiera Diócesis, mientras durase la vacante. (3)

Ahora, según el nuevo Código, está fuera de la potestad del Vicario Capitular el conferir los beneficios perpetuos que corresponde a la libre colación del Obispo; (can. 1432. parrf. II.)

a). La colación de Parroquias de la misma clase infra annum de la vacante; mas trascurrido un año de estar vacante la Diócesis, podrá conferirlas; (can. 455. parrf. II. no. 3.); b) el nombrar Canónigos honorarios; (can. 406. parrf. I.); c) el convertir las parroquias amovibles en inamovibles (can. 454. parrf. III.); d) el aprobar la permuta de beneficios (can. 1487. parrf. 1); e) el unir dos parroquias entre sí, o con algún otro beneficio no curado a causa de la poquedad de réditos o productos, o por la evidente utilidad que reportaría. (4) (can. 1423.)

Pero es de su competencia, el conceder servatis de jure servandis, la institución de los beneficios de derecho de patronato, (can. 455. parrf. II. n. 1 y 2.) (cap. de Institutionibus in VI.) item el nombrar Ecónomos o Vicarios en las parroquias vacantes, según las normas que se establecen desde el canon 472, al 476.)

Ahora, por lo que mira a los empleos eclesiásticos, no puede remover el Canciller de la Curia episcopal y demás notarios nombrados por el Obispo antecesor si nconsentimiento del Cabildo. (can 373. parrf. V.); el Oficial o Provisor y demás auditores, o sean lo svice-oficiales, que según el nuevo Código de-

(1) Jus. Decret. cap. II. tit. IX.

(2) Santi (Praelectiones iuris canonic. tom. 1. tit. XXVIII. pag. 232.

(3) Regantii (Ad. Reg. II. Canc. parrf. III n. 3.)

(4) Ferreres J. B. (Inst. canonic. Juxta Novissimum Codicem Pii X. tom. I. pag. 270. n. 722.)

ben ser nombrados; (can. 1573. parrfs. 2, 3, 4, 5 y 6); el Promotor fiscal y el Defensor del vínculo en las cuasas matrimoniales (can. 1590.) Ahora si el Oficial o Provisor fuere nombrado Vicario Capitular en tal caso nombrará un substituto (can. 1773. parrf. VII.)

2. Con relación a la otorgación de dimisorias.

Antes del Concilio Tridentino, no existía ley alguna que coartara la potestad del Cabildo sobre el particular, era, pues, de su competencia el concederlas a súbditos en cualquier tiempo de la vacante. (cap. Cum. Nulus de Tempor. Ord. in VI.) Mas el Concilio Tridentino, prohibió al Cabildo bajo penas la concesión de letras dimisoriales infra annum de la vacante; nisi in casibus arctatis, en cuyos casos podía concederlas sin incurrir en las penas.

Estas penas son: entredicho eclesiástico contra el otorgante; privación de los privilegios eclesiásticos contra aquel que en virtud de semejantes letras recibiere órdenes menores; suspensión que durara según el arbitrio del Obispo sucesor contra el promoto a órdenes mayores. (cap. X. sess. VII. de reformat.)

Más todavía: en la ses. XXIII. cap. X. siempre de reformatione, se estableció pena de suspensión ab officio et beneficio ad annum, ipso facto, contra los otorgantes de dimisorias intra annum de la sede vacante.

Cuando se trataba de otorgar dimisorias para la recepción de la prima tonsura clerical, según la decisión de la Sagrada Congregación del Concilio aludida por García, (De benef. P. 5. c. 7. n. 93.) statim, o sea sin dilación alguna podían ser otorgadas por el Vicario Capitular sin incurrir en las penas establecidas por el Tridentino. (S. C. C. in Burgenci 10 Feb. 1594.) Mas debemos advertir que co nrelación a este particular, no estaban conformes todos los Canonistas en seguir la misma opinión, no faltaban algunos que defendieran la opinión contraria, entre ellos Monacelli, que se expresa en esta forma: "Haec autem facultatis restrictio non solum respicit ordines minores et majores, sed etiam primam clericalem tonsuram, pro qua intra annum non nisi arctatis dimisorias vicarius capitularis concedit..." y después añade: "Congregatio censuit textum hunc non comprehendere priman tonsuram, debet intelligi, quod concilium non comprehendat primam tonsuram quoad poenas ibi impositas contra ordinatos, non autem quoad licentiam ordinando..." (Part. 3. tit. I. form. 3., adnon. 3. pag. 532.)

Parece que era más probable la opinión de García, apoyada por Sebastianelli, (1) Bargilliat, (2) Fagnano y algunos otros.

Ahora según el nuevo Código el Vicario Capitular podrá expedir letras dimisoriales post annum de la vacante; si para ello

(1) Praelectiones Jur. cano. De personis pag. 256.
(2) Praelect. Juris can. tom. I. pag. 598.

contare con la venia del Cabildo; mas no podrá concederlas intra annum, a no ser que se trate de casibus arctatis ratione beneficii recepti, vel recipiendi, aut ratione alicuius officii, cui propter necessitatem diocesis sine dilatione sit providendum. (Can. 958. parrf. I. n. 3.) Nótese, pues, que en la disciplina moderna se introduce un nuevo caso, en que se puede otorgar letras dimisoriales aun intra annum, así como también se señala un nuevo caso en que se prohibe el otorgarlas, según lo que sigue.'' Vicarius Capitularis litteras dimissorias ne concedat iis qui ab Episcopuo reieecti fuerunt. (Can. 958. parrf. II.)

La infracción de esta ley se considera en el Código, como un abuso de la autoridad, el infractor será castigado, ipso facto, ab ipso iure, aplicándole la pena que sigue: Vicarius Capitularis concedens litteras dimissorias pro ordinatione contra praescriptum (can. 958. parrf. I. n. 3), ipso facto subiacet suspensioni a divinis can 2409.

Ahora contra el clérigo promoto en virtud de semejantes dimisorias, no se establece pena alguna en el nuevo Código.

Con relación a la visita pastoral de las parroquias de la Diócesis vacante, nada nuevo se establece en el nuevo Código, juzgamos que el Vicario Capitular podrá practicarla, ya sea personalmente, ya mediante algún delegado, sujetándose sin embargo, a las normas trazadas por la Sgda. Congregación del Concilio, que las consideramos como vigente todavía, y son como sigue: Vicarium Capitularem visitare diocesim posse post lapsum anni; a) procurationes spectare ad Vicarium pro mediate; b) ultra procurationes Vicarium Capitularem in visitatione recipere non posse cibaria, equitatus, et alia donaria; c) aliter recepta esse eis restituenda, quibus de jure debendo. (In causa Ostunen. 28 Julii 1718.) (1)

Ahora, por lo que toca a la primera restricción, juzgamos que no debe ser interpretada tan extrictamente, que no pueda el Vicario Capitular visitar alguna de las parroquias, intra annum, antes bien, queda a su juicio y prudencia el poder verificar la visita, aun dentro del año de la vacante, si así lo juzgare necesario, por alguna razón especial. Pues siendo su jurisdicción igual a la del Obispo diocesano, y pesando sobre él toda la responsabilidad de Diócesis, ciertamente que podría hacer la visita a las parroquias, si así lo estimare necesario, máxime por alguna razón especial.

La celebración del Sínodo Diocesano era otra de las cosas que podía hacer el Vicario Capitular, aun cuando siempre con alguna restricción. Convenían los doctores en enseñar, que podía convocar a Sínodo y celebrarlo, si en la Diócesis vacante

---

(1) De Angelis (Praelectiones iuris canonici lib. 1. part. 2ª pag. 106. Sebastianelli Ob. cit. 1. c. pag. 259.

había la costumbre de verificarlo anualmente, procurando que mediara a lo menos un año, de un Sínodo a otro.

Ahora tratándose del Vicario Capitular Metropolitano, los doctores enseñaban que no podía convocar los Obispos sufragáneos para la celebración del Sínodo Provincial. Era indecoroso que un simple sacerdote convocara a Sínodo a los Príncipes y legítimos Pastores de la Iglesia, como son los Obispos. Estando, pues, vacante la sede Metropolitana al Obispo Sufragáneo más antiguo correspondía el derecho de convocar y presidir el Concilio Provincial. (S. C. C. in Terraconen 10 de febrero de 1624.)

En la disciplina moderna ordenada en el nuevo Código, no se hace distinción alguna entre el Sínodo diocesano y el provincial en cuanto a la potestad del Vicario Capitular; antes bien se dice claramente que la convocación para semejantes actos no es potestativo en el Vicario Capitular. (can. 357. parrf. I.)

5. En la disciplina antigua la incardinación de clérigos extraños a la Diócesis era de la competencia del Vicario Capitular, asunto que podía sustanciar en cualquier tiempo de la vacante. Mas tratándose de excardinar a los propios o lo que es igual, otorgar, lo que vulgarmente se llama "el exeat" considerábase como una cosa ajena a la potestad del Vicario Capitular, pues a decir de los doctores, venía a constituir una especie de enajenación y solamente con la anuencia del Romano Pontífice podía conceder la excardinación.

En el nuevo Código se establece una disciplina clara y sencilla que abarca las dos cosas al mismo tiempo. "Excardinatiomen et incardinationem, dice el can. 113., concedere nequit Vicarius Generalis sine mandato speciali; nec *Vicarius Capitularis,* nisi *post annum a vacatione* sedis episcopalis et cum consensu Capituli.

6. Referente a la enajenación de bienes eclesiásticos, puede tanto, cuanto puede el Obispo diocesano, sujetándose a las normas que se establecen en el nuevo Código sobre la enajenación de bienes eclesiásticos. (can. 1530-1533.)

Nótese sobre todo, que no puede enajenar ninguno de los bienes que pertenecen a la Iglesia o mesa episcopal, o de algún otro beneficio vacante, ni siquiera promover ni proseguir sin permiso del Romano Pontífice, juicio alguno sobre los bienes y derechos de la Iglesia y mesa episcopal. (1) Sede vacante nihil innovetur (can 436.) Finalmente, durante la vacante se interrumpe toda prescripción contra los derechos y bienes que pertenecen a la Iglesia vacante. (2)

7. Están fuera de la potestad del Vicario Capitular: el fundar o autorizar la fundación de nuevas congregaciones re-

(1) Santi (ob. cit. Lib. 3. tit. 9, pag. 133.)
(2) Cap. 1, c, 15, X. de Praescriptionibus.

ligiosas (can 492. parrf. I.); el eregir, o permitir que otros hagan la erección y agregación de nuevas Cofradías (can. 686. parrf. IV.); el determinar la cantidad de limosna que se puede exigir o el exigir más sobre lo tasado a los sacerdotes que por comodidad propia celebran en la Iglesia Catedral (can. 1303. parrfs. II. III.); finalmente, el conceder las indulgencias que suelen y que tienen facultad para conceder los Obispos en sus Diócesis. (S. C. Indulgen. 15 Nov. 1878. in Act. S. Sed. vol. XI. pag. 353 sg.) Benedict. XIV. Syndo. dioece. lib. II. cap. IX. n. 7.)

PARRAFO II.

TITULO HONORIFICO, DERECHOS, PRIVILEGIOS Y OBLIGACIONES DEL VICARIO CAPITULAR.

En actos públicos y privados el Vicario Capitular tendrá el derecho de presidencia sobre todo el clero de la Diócesis vacante inclusive los Canónigos y demás dignidades de la Iglesia Catedral, a no ser que alguien de los presentes fuera algún Prelado.

Siendo Obispo tendrá todos los privilegios honoríficos de los Obispos titulares, de lo contrario gozará sólo de los privilegios, e insignias de Protonotario apostólico titular, (1) (can 370, prrfs. I. II.)

Estará excusado del coro y con derecho a los frutos de la prebenda, mientras vacare en los asuntos concernientes a su empleo. (can. 426. parrf. I. n. 3.)

Tendrá también derecho de asistir con sufragio deliberativo al Concilio plenario, (can. 282. parrf. I.) y provincial (can. 286. parrf. I.)

Tanto el Vicario Capitular como el Ecónomo tendrán derecho a una congrua retribución por razón de su empleo, con arreglo a la tasa asignada en el Concilio provincial o autorizada por la costumbre. Suma que se sustraerá de los réditos y emolumentos de la mesa episcopal, reservándose todo lo restante al Obispo sucesor. (can. 441.)

Son obligaciones del Vicario Capitular: la residencia en la Diócesis; la aplicación de la misa pro populo; (can. 439.) el cerciorar a la Sede Apostólica sobre el hecho de su elección, (can 432. parrf. IV.); finalmente, una vigilancia especial sobre los documentos pertenecientes a la Curia diocesana. (can 435. parrf. III.)

---

(1) Motu propio Pii X "Inter multiplices" 21 Feb. 1905.

PARRAFO III.

1. DE LA CESACION DEL OFICIO Y POTESTAD DEL VICARIO CAPITULAR.—2. DEL INFORME QUE DEBE RENDIR AL OBISPO SUCESOR.

1. Notemos ante todo que la remoción del Vicario Capitular y del Ecónomo está reservada al Romano Pontífice. (1) (can. 443. parrf. I.) Expira este oficio con la toma de posesión del Obispo sucesor, mediante la presentación de las letras apostólicas al Cabildo Catedral, presentes el Secretario de éste y el Canciller de la Curia diocesana; quien debe levantar el acta de la toma de posesión. (can 334. parrf. III; 443 parrfs. I. II.)

Cesa también por renuncia presentada en forma auténtica al Cabildo, cuya validez no dependerá de su aceptación; finalmente, por muerte y la remoción hecha por el Romano Pontífice.

Cesante el Vicario Capitular, al Cabildo le corresponde el proveer de nuevo el oficio conforme a las normas que se establecen en el (can. 443. parrf. I.)

2. Provista de nuevo la sede episcopal, y verificada la toma de posesión, según el (can. 334. parrf. III.) ; el Vicario y demás ecónomos que fungieron como administradores durante la vate, pueden y deben ser residenciados por el Obispo sucesor, y castigados por éste, si delinquieren en su oficio, (can 444. parrf. I.) no obstante haber sido residenciados y absueltos por el Cabildo. (Conc. Trident. cap. XVI. ses. 24. de reform.)

De la misma manera debe dar al Obispo razón de las escrituras pertenecientes a la Diócesis vacante.

D. M. O.

---

(1) Pii IX. "Romanus Pontifex" 28 Aug. 1873.

BIBLIOGRAFIA

Acta S. Sedis. varios volúmenes.
Agustin (San.) Opp. Ed. Monch. S. Benedicti.
Ambrosio (San) Opera omnia, Parisiis. 1836.
Antinino (San.) Summa Theologica.
Alteserra, Opera omnia, editio prima nepolitana, 1777.
Baronio, Annales ecclesistici cum continuatione Reynaldi, Lugduni, 1607.
Barbosa, De canonicis et dignitatibus, Lugduni, ,679.
Bargilliat, Praelectiones Iuris canonici, Parisiis, 1915.
Benedictus XIV, Synodo Diocesano, Romae, 1806.
Bouix, De capitulis, Parisiis, 1873.
Item De episcopo, Parisiis, 1873.
Broueck, History of the Catholic Church, N.Y. 18'85.
Capello, De Curia Romana, Romae, 1912.
Cipriano (San.) Opera, edit. mediolanen. 1834.
De Angelis, Praelectiones Iuris Can. ad method. Decretalium. Romae, 1877.
De Luca (Card.) Theatrum veritatis et iustitiae, 1683.
Donoso (Justo) Instituciones de derecho canónico americano, París, 1858.
Epifanio (San.) Adversus heareses, vers, Petavii. Edit. Migne.
Faganano, Comentaria Decret. Romae. 1661.
Ferreres (Juan Bautista S. J.) Instituciones canonicae iuxta N. C. Barcelona 1917.
Ferraris, Promta Biblioteca, Edit. Migne, 1776.
Garcia, De beneficiis eccle. Venetiis, 1613.
Giraldi, Expositio Iuris Pontificii, Romae 1775.
Graciano, Decreto, omae, 1588. R
Gregorio IX?, Ius Decretalium, Romae, 1588.
Gregorio, (Magni) Opera, Edit? monch. S. Benedict.
Harduino, Acta conciliorum, Parisiis, 1815.
Hermes, De capitulo et sede vacante, Plovanii, 1873.
Leurenio|Forum Ecclesist. in quo Ius can. univer. continetxur, Vanetiis, 1729.
Monacelli Formularium legale practicum fori eccie. Romae, 1714.
Murillo, Ius canonic. Univers. Romae 1713.
Nardi, Dei Parchi, Romae 1829.

Nussi, Conventiones.
Passerini, De electione, Venetiis 1698.
Pignatelli, Consultationes canonicae, 1675.
Pirhing? Ius Canonicum Univers. 1779.
Reiffenstuel, Ius Canonic? Univers. Parisiis, 1874.
Riganti, Comentaria in regulas, constitutiones cancellariae Apost.
Schmalz-grueber, Jus canonceum universum, Romae, 1735.
Coloniae 1751. (Sebastianelli Praelec. J.C. Romae 1905.
Santi, Praelectiones iuris canonic, ordi. Decret. Romae, 1885.
Soglia, Institutiones iuris publici et privati, Parisiis, 1859.
Thomasino Vetus et nova ecclesiae disc. Magontiaci 1789.
Wernz, Ius Decretalium, Romae, 1906.

UNIVERSITAS CATHOLICA AMERICÆ

WASHINGTON, D. C.

S. FACULTAS THEOLOGICA

1917–18

No. 4

TITULI

DEUS LUX MEA

TITULI

QUOS

AD DOCTORIS GRADUM

IN

JURE CANONICO

Apud Universitatem Catholicam Americæ

OBTINENDUM

PUBLICE PROPUGNABIT

CAIUS CASTILLO

SACERDOS ARCHIDIOCESIS YUCATANENSIS
IN MEXICO

IURIS CANONICI LICENCIUTUS

HORA IX A. M. DIE I IUNII A. D. MCMXVIII

I

De legibus ecclesiasticis.

II

De consuetudine.

III

De rescriptis.

IV

De privilegiis.

V

De dispensationibus.

VI

De clericorum adscriptione alicui dioecesi.

VII

De Vicario Generali.

VIII

De cancellario aliisque notariis et archivo episcopali.

IX

De examinatoribus synodalibus et parochis consultoribus.

X

De consultoribus diocesanis.

XI

Primis Ecclesiae saeculis administratio dioecesis per mortem episcopi viduatae ad clericorum collegium seu presbyterium transibat.

XII

Posteriori aetate administratio dioecesis vacantis presbyterio seu collegio clericorum eiusdem civitatis episcopalis sub vigilantia visitatoris out Metropolitani commendata fuit.

XIII

De potestate quae sede vacante Capitulo competit iure Decretalium, et de modo quo haec potestas exercebatur ante Concilium Tridentinum.

XIV

De munere Vicarii a Capitulo sede vacante constituti ante Concilium Tridentinum.

XV

De tempore quo ad Capitulum transit potestas administrandi dioecesim praesertim ob translationem Episcopi.

XVI

De modo quo Capitulum post Concilium Tridentinum suam jurisdictionem exercere tenetur.

XVII

De electione Vicarii Capitularis iuxta novissimam disciplinam in Codice statutam.

XVIII

De qualitatibus in Vicario Capitularis requisitis.

XIX

Sede episcopali vacante, unicus tantum Vicarius Capitularis constitui potest, reprobata quavis contraria consuetudine; secus electio irrita est.

XX

Sicut ad Capitulum ante deputationem Vicarii Capitularis, ita deinde ad Vicarium Capitularem transit ordinaria Episcopi iurisdictio in spiritualibus et temporalibus, exceptis iis quae in iure expresse sunt eidem prohibita.

XXI

De iis quae Vicario Capitulari sede vacante sunt prohibita.

XXII

Vicarii Capitularis et Oeconomi remotio est omnnino A. S. reservata.

XXIII

De potestate ordinaria et delegata.

XXIV

De vicariis foraneis.

XXV

De vicariis paroecialibus.

XXVI

De ecclesiarum rectoribus.

XXVII

De ministrio sacramenti poenitentiae.

INDICE DE MATERIAS

Página

LIBRO SEGUNDO

DE LA DISCIPLINA VIGENTE EN CUANTO AL REGIMEN ADMINISTRATIVO DE LAS DIOCESIS VACANTES Y DEL VICARIO CAPITULAR

SECCION PRIMERA

DEL ORIGEN Y PROVISION CANONICA DEL OFICIO DEL VICARIO CAPITULAR

SECCION SEGUNDA

DE LA JURISDICCION DEL VICARIO CAPITULAR

XXVIII

De reservatione peccatorum.

XIX

De transito ad aliam religionem.

XXX

De egressu e religione.

XXXI

De patrinis.

XXXII

De requisitis in subiecto sacrae ordinatonis.

XXXIII

De iis quae matrimonii celebrationi praemitti debent et praesertim de publicationibus matrimonialibus.

XXXIV

De impedimentis in genere.

XXXV

De impedimento impotentiae.

XXXVI

De matrimonii convalidatione.

XXXVII

De diebus festis.

XXXVIII

De abstinentia et ieiunio.

XXXIX

De foro competenti in causis matrimonialibus.

XL

De tribunali constituendo.

XLI

De iure accusandi matrimonium et postulandi dispensationem super rato.

XLII

De probationibus.

XLIII

De inspectione corporali.

XLIV

De publicatione processus, conclusione in causa et sententia.

XLV

De appellationibus.

XLVI

De casibus exceptis a regulis hucusque traditis.

XLVII

De natura delicti, de causis illam aggravantibus vel minuentibus et de iuridicis delicti effectibus.

XLVIII

De conatu delicti.

XLIX

De poenarum notione, speciebus, interpretatione atque applicatione.

L

De Superiore potestatem coactivam potestatem habente.

LI

De subiecto coactivae potestati obnoxio.

LII

De remissione poenarum.

LIII

De censuris in genere et de eorum absolutione.

LIV

De excomunicatione.

LV

De suspensione.

LVI

De abusu potestatis vel officii ecclesiastici.

LVII

De modo procedendi in nonnulis expediendis negotiis vel santionibus personalibus applicandis.

LVIII

De modo procedendi in remotione parochorum inamovibilium.

LIX

De modo procedendi in remotione parochorum amovibilium.

LX

De modo procedendi in suspensione ex informata conscientia infligenda.

Vidit Sacra Facultas:

EDMUND J. SHANAHAN, Ph. D., S. T. D., J. C. L. p. t. Decanus.

JOHN A. RYAN, S. T. D. p. t. a Secretis.

Vidit Rector Universitatis,

THOMAS I. SHAHAN, S. T. D.